미래와 통하는 책

동양북스 외국어 베스트 도서

700만 독자의 선택!

새로운 도서, 다양한 자료 동양북스 홈페이지에서 만나보세요!

www.dongyangbooks.com
m.dongyangbooks.com

※ 학습자료 및 MP3 제공 여부는 도서마다 상이하므로 확인 후 이용 바랍니다.

홈페이지 도서 자료실에서 학습자료 및 MP3 무료 다운로드

PC

❶ 홈페이지 접속 후 도서 자료실 클릭
❷ 하단 검색 창에 검색어 입력
❸ MP3, 정답과 해설, 부가자료 등 첨부파일 다운로드
   * 원하는 자료가 없는 경우 '요청하기' 클릭!

MOBILE

* 반드시 '인터넷, Safari, Chrome' App을 이용하여 홈페이지에 접속해주세요. (네이버, 다음 App 이용 시 첨부파일의 확장자명이 변경되어 저장되는 오류가 발생할 수 있습니다.)

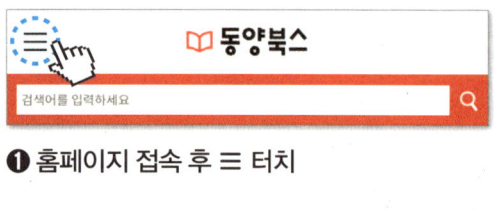

❶ 홈페이지 접속 후 ☰ 터치

❷ 도서 자료실 터치

❸ 하단 검색창에 검색어 입력
❹ MP3, 정답과 해설, 부가자료 등 첨부파일 다운로드
   * 압축 해제 방법은 '다운로드 Tip' 참고

중국어뱅크

말하기·듣기·쓰기로 기초 마스터
탄탄하고 체계적인 중국어 학습 프로그램

똑똑 중국어 STEP 1

정애란, 裴永琴 지음

동양북스

초판 발행 | 2022년 3월 10일
초판 2쇄 | 2023년 10월 5일

지은이 | 정애란, 裴永琴
발행인 | 김태웅
편집 | 김상현, 김수연
디자인 | 남은혜, 김지혜
마케팅 | 나재승
제　작 | 현대순

발행처 | (주)동양북스
등　록 | 제 2014-000055호 (2014년 2월 7일)
주　소 | 서울시 마포구 동교로22길 14 (04030)
구입 문의 | 전화 (02)337-1737　팩스 (02)334-6624
내용 문의 | 전화 (02)337-1762　dybooks2@gmail.com

ISBN　979-11-5768-789-3　14720
ISBN　979-11-5768-788-6 (세트)

ⓒ 정애란·裴永琴, 2022

▶ 본 책은 저작권법에 의해 보호를 받는 저작물이므로 무단 전재와 복제를 금합니다.
▶ 잘못된 책은 구입처에서 교환해드립니다.
▶ 도서출판 동양북스에서는 소중한 원고, 새로운 기획을 기다리고 있습니다.
　 http://www.dongyangbooks.com

머리말

언어는 인간 상호 간의 의사소통을 위한 수단이며 이러한 언어를 구현하는 데 있어 음성과 문자는 불가결한 요소입니다. 고로 언어는 인간 사회의 매개체이자, 사회생활의 도구라 볼 수 있습니다. 현대 중국어를 학습하는 데 가장 중요한 발음, 문자, 어법 등의 항목을 체계적으로 정리하여 중국어를 처음 접하는 기초 학습자들이 재미있게 접근할 수 있도록 구성했습니다.

본 교재는 중국어 입문자를 위하여 발음 학습 과정을 더욱 강화하고 일상생활에 꼭 필요한 표현만 모아 짧지만 알찬 회화를 구성하였습니다. 또 회화와 어법을 통해 기초적인 개념을 확립하고 배운 단어와 문형을 반복적으로 사용함으로써 중국어 실력 향상에 도움을 줄 수 있도록 하였습니다. 아울러 체계적인 반복 학습으로 말하기, 듣기, 쓰기 영역을 골고루 학습할 수 있도록 설계하였습니다.

오늘날 우리는 경쟁력을 갖춘 멀티형 인재를 요구하는 시대에 살고 있기 때문에 외국어 능력은 선택이 아닌 필수 조건이라 할 수 있습니다. 본 교재를 통해 중국에 대한 이해도를 높이고 중국어의 전반적인 지식을 습득하고 역량을 갖춰 전문적이고 글로벌한 인재로 성장할 수 있기를 기대합니다.

끝으로 이 교재를 집필하도록 도와주신 동양북스 출판사 여러분들에게 진심으로 감사의 말씀을 드립니다.

저자 일동

차례

머리말 3
학습 내용 6
구성과 활용 8
일러두기 10

00 중국어 기초 상식과 발음 11

01 你好。 33
안녕.

02 你叫什么名字? 43
너는 이름이 뭐니?

03 他是中国人。 53
그는 중국인이야.

04 你去哪儿? 63
너 어디 가니?

05 你喜欢做什么? 73
너는 뭐 하는 걸 좋아하니?

4

| 06 | 祝你生日快乐! | 83 |

생일 축하해!

| 07 | 我要看电影。 | 93 |

나는 영화를 볼 거야.

| 08 | 我家有三只小狗。 | 103 |

우리 집에 강아지 세 마리가 있어.

| 09 | 你在哪儿? | 113 |

너 어디 있니?

| 10 | 咖啡多少钱? | 123 |

커피는 얼마예요?

| 11 | 你会做中国菜吗? | 133 |

너 중국 음식을 만들 줄 아니?

| 12 | 我想去中国旅游。 | 143 |

나는 중국 여행을 가고 싶어.

부록

해석 및 정답 ··· 153
단어 색인 ··· 159

학습 내용

제목	학습 목표	학습 내용	중국 문화
01 你好。 안녕.	대상과 시간에 따라 인사할 수 있다.	1 인사 표현 2 인칭대사	천안문
02 你叫什么名字? 너는 이름이 뭐니?	이름을 묻고 대답할 수 있다.	1 동사 술어문 2 의문대사 什么 3 어기조사 呢	이화원
03 他是中国人。 그는 중국인이야.	자기 소개를 할 수 있다.	1 是자문 2 의문대사 谁 3 의문조사 吗	만리장성
04 你去哪儿? 너 어디 가니?	목적지를 묻고 대답할 수 있다.	1 의문대사 哪儿 2 의문대사 哪 3 정반의문문	병마용갱
05 你喜欢做什么? 너는 뭐 하는 걸 좋아하니?	좋아하는 것을 묻고 대답할 수 있다.	1 형용사 술어문 2 동사 喜欢 3 연동문	춘절과 중추절
06 祝你生日快乐! 생일 축하해!	날짜를 묻고 대답할 수 있다.	1 의문대사 几 2 구조조사 的 3 숫자 표현 4 날짜 표현	경극

제목	학습 목표	학습 내용	중국 문화
07 我要看电影。 나는 영화를 볼 거야.	시간을 묻고 대답할 수 있다.	1 조동사 要 2 의문대사 怎么样 3 시간 표현	동방명주
08 我家有三只小狗。 우리 집에 강아지 세 마리가 있어.	소유를 나타낼 수 있다.	1 有자문 2 양사 3 真 감탄문	훠궈(중국식 샤브샤브)
09 你在哪儿? 너 어디 있니?	장소를 묻고 대답할 수 있다.	1 在의 용법 2 어기조사 吧	장자제
10 咖啡多少钱? 커피는 얼마예요?	가격을 묻고 대답할 수 있다.	1 의문대사 多少 2 중국의 화폐 단위 3 선택의문문 还是	왕푸징 야시장
11 你会做中国菜吗? 너 중국 음식을 만들 줄 아니?	능력을 묻고 대답할 수 있다.	1 조동사 会 2 의문대사 怎么 3 给의 용법	천단공원
12 我想去中国旅游。 나는 중국 여행을 가고 싶어.	계획을 묻고 대답할 수 있다.	1 想의 용법 2 동태조사 过 3 양사 次	중국의 차 문화

구성과 활용

미리 보기

학습 목표를 확인하고 학습 내용을 미리 파악할 수 있습니다.

단어

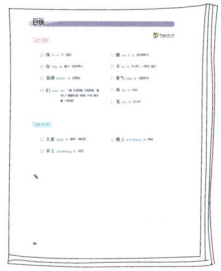

실전 대화와 어법 포인트의 새 단어를 모아 정리했습니다. 본격적인 학습에 앞서 먼저 단어를 익히고 실전 대화 속 내용을 파악할 수 있습니다.

실전 대화

실제 중국인이 자주 사용하는 핵심 표현을 짧고 간결한 문장으로 구성하였습니다. 실전 대화 속 문장을 따라 읽으며 중국어를 재미있게 학습할 수 있습니다.

어법 포인트

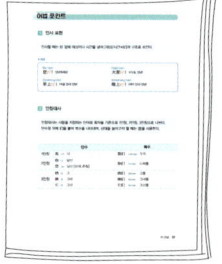

실전 대화 속 주요 어법을 간단한 설명과 예문으로 쉽게 이해할 수 있습니다.

확장 연습

문장의 어순을 확장형으로 보여 줌으로써 구조를 한눈에 파악하고 어순을 쉽게 익힐 수 있습니다.

듣기 연습

본 책에서 배운 내용을 듣기 문제로 풀어보는 코너로 청취 능력을 향상시킬 수 있습니다.

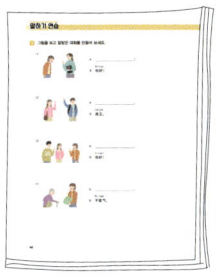

말하기 연습

다양한 상황을 제시하고 핵심 표현을 반복하는 코너로 발화 능력을 향상시킬 수 있습니다.

중국 문화

중국의 문화 이야기를 통해 중국에 대한 이해도를 높일 수 있습니다.

워크북

다양한 연습 문제를 통해 쓰기 능력을 향상시킬 수 있습니다.

- 음원 QR을 인식하면 MP3 음원을 바로 들으실 수 있습니다.
- 동양북스 홈페이지(https://www.dongyangbooks.com)에서 MP3 음원을 무료로 다운받으실 수 있습니다.

음원 QR

홈페이지 QR

일러두기

품사 약어

대명사	대	명사	명	동사	동
조동사	조동	형용사	형	부사	부
개사(전치사)	개	양사	양	수사	수
접속사	접	조사	조	접미사	접미

고유명사 표기

지명의 경우, 중국어 발음을 한국어로 표기하는 것으로 한다. 그러나 한자 독음이 더 친숙한 고유명사는 한국식 한자 독음으로 표기한다.

예) 北京 Běijīng 베이징   颐和园 Yíhéyuán 이화원

인명의 경우, 한국 사람의 이름은 한국어 발음으로, 중국 사람의 이름은 중국어 발음으로 표기한다.

예) 金东沅 Jīn Dōngyuán 김동원   王京 Wáng Jīng 왕징

등장 인물

Wáng Jīng
王京★
중국인/대학생

Jīn Dōngyuán
金东沅★
한국인/대학생

Zhāng Mín
张民
중국인/대학생

Liú Tíngting
刘婷婷
중국인/대학생

Jīn Nánjùn
金南俊
한국인/대학생

중국어 기초 상식과 발음

1. 중국어 기초 상식
2. 중국어 발음
3. 한어병음표

중국어 기초 상식

중국어란?

중국은 영토가 넓은 만큼 지역별로 다양한 방언을 사용하며 일부 소수민족은 자신들의 민족 언어를 사용한다. 이 때문에 중국인들조차 의사 소통에 어려움을 겪자 중국 정부는 표준 중국어를 제정했다. 베이징(北京, Běijīng)의 음성을 표준음으로 하고 북방 방언을 기초로 하여, 전형적인 현대백화문(白话文, báihuàwén, 입말을 바탕으로 한 글말)을 어법의 규범으로 삼는 것이 표준 중국어이며 이를 '보통화(普通话, pǔtōnghuà)'라고 한다. 보통화는 베이징의 말소리, 북방 방언의 어휘, 대표성이 있는 현대 문화 작품의 문법 체계를 기초로 한다.

한어병음

알파벳에 성조 부호를 덧붙여서 한자의 음성을 표기하는데 이를 '한어병음(汉语拼音, Hànyǔ pīnyīn)'이라고 한다. 한어병음은 중국어 발음을 표기하기 위한 수단으로 영어의 발음과는 다르다.

중국어 음절

중국어의 음절은 성모, 운모, 성조로 구성된다.

중국어 발음

성모  Track 00-01

성모(声母, shēngmǔ)는 중국어 음절의 첫 부분으로 우리말 자음에 해당한다.

b	p	m	f
d	t	n	l
g	k	h	
j	q	x	
zh	ch	sh	r
z	c	s	

운모  Track 00-02

운모(韵母, yùnmǔ)는 중국어 음절에서 성모를 제외한 나머지 부분으로 우리말 모음에 해당한다.

a	o	e	i (yi)	u (wu)	ü (yu)	er	
ai	ei	ao	ou				
an	en	ang	eng	ong			
ia (ya)	ie (ye)	iao (yao)	iou (you)	ian (yan)	iang (yang)	in (yin)	ing (ying)	iong (yong)
ua (wa)	uo (wo)	uai (wai)	uan (wan)	uang (wang)	uei (wei)	uen (wen)	ueng (weng)	
üe (yue)	üan (yuan)	ün (yun)						

중국어 발음

단운모   하나의 모음으로 이루어진 운모를 말한다.

🎧 Track 00-03

a	입을 크게 벌리며 발음한다.	á 啊 à 啊
o	입을 반쯤 벌리고 동그랗게 모아 발음한다.	ō 噢 ǒ 嚄
e	입을 약간 벌리고 혀뿌리를 올려 발음한다.	é 鹅 è 饿
i	입을 거의 벌리지 않고 입술을 펴서 발음한다.	yí 姨 yǐ 椅
u	입술을 작고 동그랗게 앞으로 내밀며 발음한다.	wǔ 五 wù 雾
ü	입술을 작고 동그랗게 앞으로 내밀고 둥근 상태를 유지하며 발음한다.	yú 鱼 yù 玉

성조의 종류

중국어 음절에서 음의 높낮이를 나타내는 부분을 성조라고 한다. 중국어에는 네 개의 성조가 있고 높낮이에 따라 의미가 달라진다.

성조유형	표기법	발음 방법	예
1성	ā →	처음부터 끝까지 높은 음을 유지하며 발음한다.	bā 八 여덟
2성	á ↗	중간 음에서 가장 높은 음까지 올려 발음한다.	bá 拔 뽑다
3성	ǎ ↘↗	낮은 음에서 가장 낮은 음까지 내렸다가 끝음을 살짝 올리면서 발음한다.	bǎ 把 운전대
4성	à ↘	가장 높은 음에서 가장 낮은 음으로 빠르게 떨어트리면서 발음한다.	bà 爸 아버지

경성

경성은 짧고 가볍게 발음하며 성조 부호는 표기하지 않는다. 경성은 일반적으로 다른 음절 뒤에 오며 앞에 오는 음절의 성조에 따라 음의 높낮이가 변화한다.

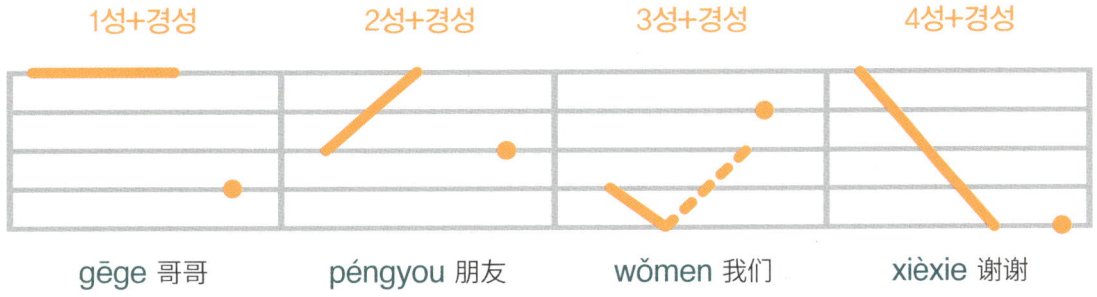

1성+경성 gēge 哥哥　　2성+경성 péngyou 朋友　　3성+경성 wǒmen 我们　　4성+경성 xièxie 谢谢

중국어 발음

한어병음 표기법

1. 성조는 a, o, e, i, u, ü 위에 표기한다.

2. 운모가 두 개 이상일 경우 위의 순서에 따라 성조를 표기한다.
   mào   piān   dōu

3. 운모 iu와 ui는 맨 끝 운모 위에 성조를 표기한다.
   duì   liù   xiù

4. 운모 i 위에 성조를 표기하는 경우 점 '·'은 생략한다.
   jǐ   mǐ   zhī

5. 운모 ü 위에 성조를 표기하는 경우 '¨' 위에 표기한다.
   nǚ   lǜ

6. 운모 i, u, ü가 단독으로 음을 구성하는 경우 아래와 같이 표기한다.
   i → yi   u → wu   ü → yu

7. 다른 음절 뒤에 성모 없이 운모 a, o, e로 시작하는 음절이 오면 음절 사이에 경계를 구분하기 위해 ' ' '를 사용하는데 이를 격음부호라고 한다.
   Shǒu'ěr   kě'ài

성조 연습

Track 00-06

1 발음의 차이에 주의하며 녹음을 듣고 따라 읽어 보세요.

(1) ā – á – ǎ – à (2) ō – ó – ǒ – ò (3) ē – é – ě – è

(4) yī – yí – yǐ – yì (5) wū – wú – wǔ – wù (6) yū – yú – yǔ – yù

2 녹음을 듣고 각 음절에 성조를 표시해 보세요.

(1) a (2) a (3) wu (4) wu

(5) e (6) e (7) yu (8) yu

(9) o (10) o (11) yi (12) yi

3 녹음을 듣고 알맞은 발음에 ○를 표시해 보세요.

(1) à – è (2) ě – yǐ (3) ē – ō (4) wú – yú

(5) yí – yú (6) wǔ – ǒ (7) ò – wù (8) ā – yī

4 녹음을 듣고 한어병음을 써 보세요.

(1) _____ (2) _____ (3) _____ (4) _____

중국어 발음

> 성모

① **쌍순음** 위아래 입술을 붙였다 떼면서 소리 낸다.

b(o)	bà 爸	bǎ 把
p(o)	pí 皮	pì 屁
m(o)	mī 眯	mǐ 米

② **순치음** 윗니를 아랫입술에 대고 그 사이로 공기를 마찰시켜 소리 낸다.

| f(o) | fú 福 | fǔ 府 |

③ **설첨음** 혀끝을 윗잇몸에 붙였다 떼면서 소리 낸다.

d(e)	dà 大	dā 搭
t(e)	tú 图	tù 吐
n(e)	nǐ 你	nì 逆
l(e)	lǜ 绿	lú 驴

④ **설근음** 혀뿌리를 입천장 뒤쪽에 붙였다 떼면서 소리 낸다.

g(e)	gē 哥	gé 格
k(e)	kǎ 卡	kā 咖
h(e)	hé 和	hè 贺

5 **설면음** 입을 옆으로 벌리고 혀를 평평하게 펴 바닥에 대고 소리 낸다.

j(i)	jī 鸡	jǐ 几
q(i)	qù 去	qú 渠
x(i)	xǔ 许	xū 需

Tip 성모 j, q, x와 운모 ü가 결합하는 경우 ü를 u로 바꿔 표기한다.
  jü → ju   qü → qu   xü → xu

6 **설치음** 혀끝을 평평하게 펴고 윗니 뒷쪽에 붙였다 떼면서 소리 낸다.

z(i)	zá 杂	zā 扎
c(i)	cì 次	cí 瓷
s(i)	sù 速	sú 俗

Tip 운모 i가 성모 z, c, s 뒤에 오는 경우 우리말 [으]와 유사하게 발음한다.

7 **권설음** 혀끝을 입천장 쪽으로 말아 올리고 공기를 내보내면서 소리 낸다.

zh(i)	zhǔ 主	zhù 住
ch(i)	chè 撤	chě 扯
sh(i)	shí 十	shǐ 史
r(i)	rú 如	rù 入

Tip 운모 i가 성모 zh, ch, sh, r 뒤에 오는 경우 우리말 [으]와 유사하게 발음한다.

중국어 발음

성모 연습 Track 00-08

1 발음의 차이에 주의하여 녹음을 듣고 따라 읽어 보세요.

(1) zhè – chè – shè – rè   (2) zhǔ – chǔ – shǔ – rǔ   (3) zā – cā – sā

(4) zì – cì – sì   (5) zhǔ – zǔ   (6) zhǐ – zǐ

(7) chā – cā   (8) chè – cè   (9) shǔ – sǔ

(10) shǐ – sǐ   (11) lú – rú   (12) lè – rè

2 녹음을 듣고 각 음절에 성조를 표시해 보세요.

(1) ge   (2) ge   (3) ka   (4) ka

(5) ci   (6) ci   (7) she   (8) she

(9) xu   (10) xu   (11) ru   (12) ru

3 녹음을 듣고 알맞은 발음에 ○를 표시해 보세요.

(1) fō – pō   (2) hé – gé   (3) mǐ – nǐ   (4) lù – rù

(5) jū – xū   (6) zá – cá   (7) shì – chì   (8) nǔ – lǔ

4 녹음을 듣고 한어병음을 써 보세요.

(1) _____   (2) _____   (3) _____   (4) _____

운모

 Track 00-09

1 a, e, o로 시작하는 운모

ai	bái 白	pái 排
ao	tào 套	dào 到
an	mán 瞞	nán 难
ang	kàng 抗	gàng 杠
ei	hēi 黑	fēi 飞
en	zhēn 真	shēn 深
eng	réng 仍	léng 棱
ou	lòu 露	ròu 肉
ong	sǒng 悚	zǒng 总

2 권설운모

| er | 혀끝을 입천장 쪽으로 말아 올리면서 발음한다. | èr 二　ěr 耳 |

Tip 권설운모 er이 다른 운모와 결합하여 하나의 음절로 발음되는 현상을 儿화라고 한다. 원래 운모 뒤에 '-r'을 붙여 표기한다.
1. 소리의 변화: kòng 空 → kòngr 空儿
2. 소리와 뜻 변화: nǎ 哪 → nǎr 哪儿
3. 소리, 뜻 그리고 품사의 변화: huà 画 → huàr 画儿

중국어 발음

운모 연습 1

1 발음의 차이에 주의하며 녹음을 듣고 따라 읽어 보세요.

(1) mǎi – měi　　(2) dào – dòu　　(3) hǎi – hǎo　　(4) pāi – pēi

(5) lào – lòu　　(6) bān – bāng　　(7) chén – chéng　　(8) shǎn – shěn

(9) zhōng – zhāng　　(10) ě – ěr　　(11) rì – èr　　(12) rě – ěr

2 녹음을 듣고 각 음절에 성조를 표시해 보세요.

(1) hai　　(2) hai　　(3) lei　　(4) lei

(5) pao　　(6) pao　　(7) tou　　(8) tou

(9) man　　(10) man　　(11) hong　　(12) hong

3 녹음을 듣고 알맞은 발음에 ○를 표시해 보세요.

(1) bān – bēn　　(2) gòu – gào　　(3) dǎi – děi　　(4) ráo – róu

(5) shěng – shěn　　(6) zāng – zān　　(7) tòu – tòng　　(8) néng – nóng

4 녹음을 듣고 한어병음을 써 보세요.

(1) ＿＿＿＿＿　　(2) ＿＿＿＿＿　　(3) ＿＿＿＿＿　　(4) ＿＿＿＿＿

운모  Track 00-11

③ i로 시작하는 운모

운모			
ia	jià 假	qià 恰	yà 亚
ie	tiě 铁	piě 撇	yě 也
iao	miáo 描	liáo 聊	yào 要
iou(iu)	jiū 揪	qiū 秋	yǒu 有
ian	niàn 念	liàn 练	yǎn 眼
iang	jiǎng 讲	xiǎng 想	yáng 洋
in	bīn 宾	pīn 拼	yīn 因
ing	nìng 宁	mìng 命	yìng 应
iong	qióng 穷	xióng 熊	yòng 用

 1. 운모 in과 ing 앞에 성모가 없을 경우 i를 yi로 표기한다.
　　in → yin　　ing → ying
2. 운모 in과 ing을 제외한 나머지 i로 시작하는 운모 앞에 성모가 없을 경우 i를 y로 표기한다.
　　ia → ya　　iou → you　　iong → yong
3. 운모 iou가 성모와 결합하는 경우 iu로 표기한다.
　　d + iou → diu　　x + iou → xiu
4. 운모 ie에서 e는 우리말 [에]로 발음한다.

중국어 발음

운모 연습 2　Track 00-12

1 발음의 차이에 주의하며 녹음을 듣고 따라 읽어 보세요.

(1) jiá – jié　　(2) liǎn – liǎng　　(3) diū – diāo　　(4) nín – níng

(5) qióng – qiáng　(6) yǎn – yǐn　　(7) jiào – jiàn　　(8) qiǎ – qiǎn

(9) yóu – yáo　　(10) yǎng – liǎng　(11) yīn – yīng　　(12) yóng – yáng

2 녹음을 듣고 각 음절에 성조를 표시해 보세요.

(1) jia　　(2) jia　　(3) bie　　(4) bie

(5) miao　(6) miao　(7) xiu　　(8) xiu

(9) niang　(10) niang　(11) xiong　(12) xiong

3 녹음을 듣고 알맞은 발음에 ○를 표시해 보세요.

(1) xiá – xié　　(2) niǎo – niǔ　　(3) piān – pīn　　(4) jiǎ – jiǎn

(5) bīng – bīn　(6) xiáng – xióng　(7) yǒu – yǎo　　(8) yè – yà

4 녹음을 듣고 한어병음을 써 보세요.

(1) _____　(2) _____　(3) _____　(4) _____

운모

 Track 00-13

4 u로 시작하는 운모

ua	huā 花	guā 瓜	wà 袜
uo	nuó 挪	luó 逻	wǒ 我
uai	zhuài 拽	chuài 踹	wài 外
uei(ui)	guǐ 鬼	huǐ 悔	wèi 为
uan	duàn 断	luàn 乱	wǎn 碗
uang	shuāng 双	zhuāng 妆	wáng 王
uen(un)	gǔn 滚	hǔn 混	wèn 问
ueng	wēng 翁	wèng 瓮	wēng 嗡

Tip
1. u로 시작하는 운모 앞에 성모가 없을 경우 u를 w로 표기한다.
　　ua → wa　　uo → wo　　uan → wan
2. 운모 uei, uen이 성모와 결합하는 경우 ui, un으로 표기한다.
　　d + uei → dui　　h + uei → dui　　l + uen → lun　　d + uen → dun

5 ü로 시작하는 운모

üan	juǎn 卷	quǎn 犬	yuǎn 远
üe	nüè 虐	xuè 血	yuē 约
ün	jùn 俊	xùn 训	yùn 运

Tip
1. ü로 시작하는 운모 앞에 성모가 없을 경우 ü를 yu로 표기한다.
　　üan → yuan　　üe → yue　　ün → yun
2. ü로 시작하는 운모가 성모 j, q, x와 결합하는 경우 운모 ü 위의 점을 생략한다.
　　j + ün → jun　　q + üan → quan　　x + üe → xue
3. 운모 üe에서 e는 우리말 [에]로 발음한다.

중국어 발음

운모 연습 3

1 발음의 차이에 주의하며 녹음을 듣고 따라 읽어 보세요.

(1) zhuā – zhuō (2) guǎi – guǐ (3) tuán – tún (4) huàng – huàn
(5) luǒ – luǎn (6) wā – wō (7) ruì – ruò (8) wāng – wēng
(9) shuǎi – shuǐ (10) yūn – yuē (11) xuè – xuàn (12) juǎn – jǔn

2 녹음을 듣고 각 음절에 성조를 표시해 보세요.

(1) wai (2) wai (3) wei (4) wei
(5) wang (6) wang (7) duo (8) duo
(9) kun (10) kun (11) chuang (12) chuang

3 녹음을 듣고 알맞은 발음에 ○를 표시해 보세요.

(1) kuà – kuò (2) duō – duān (3) guǎng – guǎn (4) huí – huó
(5) wài – wèi (6) xún – qún (7) yuǎn – yǔn (8) nüè – lüè

4 녹음을 듣고 한어병음을 써 보세요.

(1) _____ (2) _____ (3) _____ (4) _____

성조 변화

 Track 00-15

1 不의 성조 변화

(1) 不가 단독으로 쓰이거나 뒤 음절의 성조가 1성·2성·3성인 경우 不는 원래의 성조인 4성으로 발음한다.

bùchī 不吃   bùnán 不难   bùxǐ 不洗

(2) 不 뒤 음절의 성조가 4성인 경우 不는 2성으로 바꾸어 발음한다.

búqù 不去   búkàn 不看   búshì 不是

2 一의 성조 변화

(1) 一가 단독으로 쓰이거나 서수로 쓰이는 경우 1성으로 발음한다.

shíyī 十一   xīngqīyī 星期一   bǎifēnzhī yī 百分之一   yī hào 一号

(2) 一 뒤 음절의 성조가 1성·2성·3성인 경우 4성으로 발음한다.

yìbān 一般   yìzhí 一直   yìqǐ 一起

(3) 一 뒤 음절의 성조가 4성인 경우 2성으로 바꾸어 발음한다.

yíyàng 一样   yíxià 一下   yígòng 一共

중국어 발음

성조 결합

1 1성 성조 결합

1성 + 1성	kāfēi 咖啡	xīngqī 星期
1성 + 2성	Zhōngguó 中国	jīnnián 今年
1성 + 3성	yīngyǔ 英语	jīchǎng 机场
1성 + 4성	yīnyuè 音乐	jīdàn 鸡蛋

2 2성 성조 결합

2성 + 1성	túshū 图书	shíjiān 时间
2성 + 2성	Hánguó 韩国	xuéxí 学习
2성 + 3성	niúnǎi 牛奶	píngguǒ 苹果
2성 + 4성	yóuxì 游戏	lánsè 蓝色

3 3성 성조 결합

3성 + 1성	lǎoshī 老师	xiǎomāo 小猫
3성 + 2성	lǚyóu 旅游	hǎimián 海绵
3성 + 3성	xiǎogǒu 小狗	shǒubiǎo 手表
3성 + 4성	kělè 可乐	měilì 美丽

 Track 00-16

4 4성 성조 결합

4성 + 1성	dàngāo 蛋糕	chànggē 唱歌
4성 + 2성	wùmái 雾霾	miàntiáo 面条
4성 + 3성	diànyǐng 电影	Hànyǔ 汉语
4성 + 4성	sùshè 宿舍	shuìjiào 睡觉

5 경성 성조 결합

경성 + 1성	yīfu 衣服	māma 妈妈
경성 + 2성	péngyou 朋友	yéye 爷爷
경성 + 3성	wǎnshang 晚上	jiějie 姐姐
경성 + 4성	piàoliang 漂亮	bàba 爸爸

중국어 발음

성조 결합 연습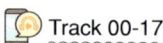

1 발음의 차이에 주의하며 녹음을 듣고 따라 읽어 보세요.

(1) bùchī (2) búshì (3) yī hào (4) yìzhí

(5) yígòng (6) xīngqī (7) xuéxí (8) shǒubiǎo

(9) sùshè (10) dàngāo (11) shuìjiào (12) yéye

2 녹음을 듣고 각 음절에 성조를 표시해 보세요.

(1) shiyi (2) bu kan (3) yiqi (4) yixia

(5) bu xi (6) lüyou (7) shijian (8) tushu

(9) xiaogou (10) yingyu (11) mama (12) piaoliang

3 녹음을 듣고 알맞은 발음에 ○를 표시해 보세요.

(1) yìbān – yìbán (2) bùnān – bùnán (3) kāishǐ – kāishí

(4) huánjìng – huánjíng (5) tiàowū – tiàowǔ (6) lǎorén – lǎorèn

(7) yínhǎng – yínháng (8) gāngcāi – gāngcái

4 녹음을 듣고 한어병음을 써 보세요.

(1) _____ (2) _____ (3) _____ (4) _____

30

한어병음표

	a	o	e	-i	i	u	ü	ai	ei	ao	ou	ia	ie	iao	iou (iu)	ua	uo	uai	uei (ui)
b	ba	bo			bi	bu		bai	bei	bao			bie	biao					
p	pa	po			pi	pu		pai	pei	pao	pou		pie	piao					
m	ma	mo	me		mi	mu		mai	mei	mao	mou		mie	miao	miu				
f	fa	fo				fu			fei		fou								
d	da		de		di	du		dai	dei	dao	dou		die	diao	diu		duo		dui
t	ta		te		ti	tu		tai		tao	tou		tie	tiao			tuo		tui
n	na		ne		ni	nu	nü	nai	nei	nao	nou		nie	niao	niu		nuo		
l	la		le		li	lu	lü	lai	lei	lao	lou	lia	lie	liao	liu		luo		
g	ga		ge			gu		gai	gei	gao	gou					gua	guo	guai	gui
k	ka		ke			ku		kai	kei	kao	kou					kua	kuo	kuai	kui
h	ha		he			hu		hai	hei	hao	hou					hua	huo	huai	hui
j					ji		ju					jia	jie	jiao	jiu				
q					qi		qu					qia	qie	qiao	qiu				
x					xi		xu					xia	xie	xiao	xiu				
z	za		ze	zi		zu		zai	zei	zao	zou						zuo		zui
c	ca		ce	ci		cu		cai		cao	cou						cuo		cui
s	sa		se	si		su		sai		sao	sou						suo		sui
zh	zha		zhe	zhi		zhu		zhai	zhei	zhao	zhou					zhua	zhuo	zhuai	zhui
ch	cha		che	chi		chu		chai		chao	chou					chua	chuo	chuai	chui
sh	sha		she	shi		shu		shai	shei	shao	shou					shua	shuo	shuai	shui
r			re	ri		ru				rao	rou					rua	ruo		rui
	a	o	e		yi	wu	yu	ai	ei	ao	ou	ya	ye	yao	you	wa	wo	wai	wei

한어병음표

	üe	an	en	ang	eng	ong	er	ian	in	iang	ing	iong	uan	uen (un)	uang	ueng	üan	ün
b		ban	ben	bang	beng			bian	bin		bing							
p		pan	pen	pang	peng			pian	pin		ping							
m		man	men	mang	meng			mian	min		ming							
f		fan	fen	fang	feng													
d		dan	den	dang	deng	dong		dian			ding		duan	dun				
t		tan		tang	teng	tong		tian			ting		tuan	tun				
n	nüe	nan	nen	nang	neng	nong		nian	nin	niang	ning		nuan					
l	lüe	lan		lang	leng	long		lian	lin	liang	ling		luan	lun				
g		gan	gen	gang	geng	gong							guan	gun	guang			
k		kan	ken	kang	keng	kong							kuan	kun	kuang			
h		han	hen	hang	heng	hong							huan	hun	huang			
j	jue							jian	jin	jiang	jing	jiong					juan	jun
q	que							qian	qin	qiang	qing	qiong					quan	qun
x	xue							xian	xin	xiang	xing	xiong					xuan	xun
z		zan	zen	zang	zeng	zong							zuan	zun				
c		can	cen	cang	ceng	cong							cuan	cun				
s		san	sen	sang	seng	song							suan	sun				
zh		zhan	zhen	zhang	zheng	zhong							zhuan	zhun	zhuang			
ch		chan	chen	chang	cheng	chong							chuan	chun	chuang			
sh		shan	shen	shang	sheng								shuan	shun	shuang			
r		ran	ren	rang	reng	rong							ruan	run				
	yue	an	en	ang	eng		er	yan	yin	yang	ying	yong	wan	wen	wang	weng	yuan	yun

- 가장 아래쪽에 있는 음절들은 해당 음절이 단독으로 쓰일 때의 표기법입니다.
- 감탄사에 나오는 음절들(ng, hng 등)은 생략하였습니다.

01

你好。
안녕.

학습 목표

대상과 시간에 따라 인사할 수 있다.

학습 내용

① 인사 표현
② 인칭대사

단어

 Track 01-01

실전 대화

- ☐ 你 nǐ 대 너, 당신
- ☐ 好 hǎo 형 좋다, 안녕하다
- ☐ 老师 lǎoshī 명 선생님
- ☐ 们 men 접미 ~들 [사람을 지칭하는 명사나 대명사의 뒤에 쓰여 복수를 나타냄]
- ☐ 谢 xiè 명 동 감사(하다)
- ☐ 不 bù 부 아니다, ~하지 않다
- ☐ 客气 kèqi 동 사양하다
- ☐ 再 zài 부 다시
- ☐ 见 jiàn 동 만나다

어법 포인트

- ☐ 大家 dàjiā 명 모두, 여러분
- ☐ 早上 zǎoshang 명 아침
- ☐ 晚上 wǎnshang 명 저녁

실전 대화

Track 01-02

대화1 왕징과 김동원이 인사를 나눈다.

Wáng Jīng 王京
Nǐ hǎo!
你好！

Jīn Dōngyuán 金东沅
Nǐ hǎo!
你好！

대화2 학생들이 선생님에게 인사를 한다.

xuéshēng men 学生们
Lǎoshī hǎo!
老师好！

lǎoshī 老师
Nǐmen hǎo!
你们好！

실전 대화

Track 01-03

대화3 왕징이 김동원에게 감사 인사를 한다.

王京 Wáng Jīng
Xièxie!
谢谢！

金东沅 Jīn Dōngyuán
Bú kèqi!
不客气！

대화4 왕징과 김동원이 작별 인사를 한다.

王京 Wáng Jīng
Zàijiàn.
再见。

金东沅 Jīn Dōngyuán
Zàijiàn.
再见。

어법 포인트

1 인사 표현

인사할 때는 好 앞에 대상이나 시간을 넣어 [대상/시간+好]의 구조로 쓰인다.

▶ 예문

Nín hǎo!
您好! 안녕하세요!

Dàjiā hǎo!
大家好! 모두들, 안녕!

Zǎoshang hǎo!
早上好! (아침 인사) 안녕!

Wǎnshang hǎo!
晚上好! (저녁 인사) 안녕!

2 인칭대사

인칭대사는 사람을 지칭하는 단어로 화자를 기준으로 1인칭, 2인칭, 3인칭으로 나뉜다. 단수형 뒤에 们을 붙여 복수를 나타내며, 상대를 높이고자 할 때는 您을 사용한다.

	단수			복수		
1인칭	我	wǒ	나	我们	wǒmen	우리
2인칭	你	nǐ	당신	你们	nǐmen	너희들
	您	nín	당신 [你의 존칭]			
3인칭	他	tā	그	他们	tāmen	그들
	她	tā	그녀	她们	tāmen	그녀들
	它	tā	그것	它们	tāmen	그것들

확장 연습

1 너희들, 안녕!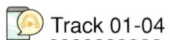

hǎo	好
Nǐ hǎo!	你好!
Nǐmen hǎo!	你们好!

2 천만에.

kèqi	客气
Bú kèqi.	不客气。

3 잘 가.

jiàn	见
Zàijiàn.	再见。

듣기 연습

1 다음 녹음을 듣고 주어진 단어의 올바른 발음을 골라보세요.  Track 01-05

(1) 你　　nǐ　　nì

(2) 再　　zài　　zāi

(3) 我们　wǒmen　wòmen

(4) 大家　dājià　dàjiā

(5) 客气　kéqì　kèqi

(6) 早上　zǎoshang　zǎoshāng

2 다음 녹음을 듣고 내용과 일치하는 그림을 골라보세요.  Track 01-06

A

B

C

D

(1) _____　(2) _____　(3) _____　(4) _____

말하기 연습

3 그림을 보고 알맞은 대화를 만들어 보세요.

(1)

A _____!

B 你好!
   Nǐ hǎo!

(2)

A _____。

B 再见。
   Zàijiàn.

(3)

A _____。

B 你好!
   Nǐ hǎo!

(4)

A _____。

B 不客气。
   Bú kèqi.

4 다음 문장을 중국어로 바꿔 써 보세요.

(1) 잘 가! ▶ _____

(2) 모두들, 안녕! ▶ _____

(3) (아침 인사) 안녕! ▶ _____

(4) 천만에. ▶ _____

5 다음 제시된 단어를 활용하여 주제에 맞게 말해 보세요.

주제	대상과 시간에 따라 인사하기
단어	大家　　你们　　早上　　晚上

천안문

천안문(天安门, Tiān'ānmén)은 중국을 대표하는 건축물로, 베이징 여행 시 꼭 가 봐야할 관광지 중 하나이다. 명(明, Míng)나라 영락제(永乐帝, Yǒnglè dì)가 베이징(北京, Běijīng)으로 수도를 천도하고, 1417년 자금성(紫禁城, Zǐjìnchéng)의 정문을 짓고 '승천문(承天门, Chéng tiānmén)'이라고 불렀다. 1651년 청(清, Qīng)나라가 성문을 재건하면서 '천안문'으로 개명했다. 천안은 '명을 따르고 하늘을 섬겨 나라를 평안하게 하고 백성을 다스린다(受命于天, 安邦治民, Shòumìng yú tiān, ānbāng zhì mín)'는 의미를 가지고 있다. 천안문 앞에는 아치 모양의 5개 통로가 있고 중앙에 거대한 마오쩌둥(毛泽东, Máo Zédōng)의 초상화가 걸려 있다.

1949년 10월 1일 마오쩌둥이 천안문 성루에 올라 '중화인민공화국'을 선포하며 직접 오성기를 게양했다. 이 때문에 마오쩌둥 사후 천안문 중앙에 그의 초상화가 걸렸다고 한다. 천안문은 1969년부터 1970년까지 대대적인 보수작업을 거쳐 1988년 이후 일반인들에게 개방했다. 현재 천안문은 국가 의식이나 연회 등 큰 행사를 치르는 대외 장소로 쓰인다.

천안문

02

你叫什么名字?
너는 이름이 뭐니?

학습 목표

이름을 묻고 대답할 수 있다.

학습 내용

① 동사 술어문
② 의문대사 什么

단어

Track 02-01

실전 대화

- 叫 jiào 동 (~라고)부르다
- 什么 shénme 대 무슨, 무엇
- 名字 míngzi 명 이름
- 王 Wáng 명 성(姓)
- 呢 ne 조 문장 끝에서 의문을 나타내는 어기조사
- 姓 xìng 명 동 성(씨), 성이 ~이다
- 张 Zhāng 명 성(姓)

어법 포인트

- 金 Jīn 명 성(姓)

실전 대화

대화 왕징과 김동원이 서로 이름을 묻고 대답한다.

Track 02-02

金东沅 (Jīn Dōngyuán)
Nǐ jiào shénme míngzi?
你叫什么名字?

王京 (Wáng Jīng)
Wǒ jiào Wáng Jīng.
我叫王京。

金东沅 (Jīn Dōngyuán)
Tā ne?
他呢?

王京 (Wáng Jīng)
Tā xìng Zhāng, jiào Zhāng Mín.
他姓张,叫张民。

어법 포인트

1 동사 술어문

동사가 술어로 쓰인 문장을 말하며 목적어는 동사 뒤에 위치한다.

▶예문

Wǒ xìng Jīn.
我姓金。 나는 김씨야.

Tā xìng Wáng.
他姓王。 그는 왕씨야.

Wǒ jiào Jīn Dōngyuán.
我叫金东沅。 나는 김동원이라고 해.

Tā jiào Zhāng Mín.
他叫张民。 그는 장민이라고 해.

2 의문대사 什么

의문대사 什么는 '무엇'이라는 뜻으로 의문을 나타낼 때 사용한다. 대답할 때는 什么 자리에 대답하려는 내용을 넣어 말한다.

▶예문

Nǐ xìng shénme?
你姓什么？ 너는 성이 뭐니?

Nǐ jiào shénme míngzi?
你叫什么名字？ 너는 이름이 뭐니?

Tā xìng shénme?
他姓什么？ 그는 성이 뭐니?

Tā jiào shénme míngzi?
他叫什么名字？ 그는 이름이 뭐니?

3 어기조사 呢

呢는 의문의 어기를 나타내는 조사로 문장 끝에 위치한다. 우리말로 '~는?'이라고 해석한다.

▶ 예문

Nǐ ne?
你呢? 너는?

Tā ne?
他呢? 그는?

Wǒmen ne?
我们呢? 우리는?

Tāmen ne?
他们呢? 그 사람들은?

확장 연습

1 너는 이름이 뭐니?

jiào	叫
jiào shénme	叫什么
jiào shénme míngzi	叫什么名字
Nǐ jiào shénme míngzi?	你叫什么名字?

2 너는 성이 뭐니?

xìng	姓
xìng shénme	姓什么
Nǐ xìng shénme?	你姓什么?

3 그는?

ne	呢
Tā ne?	他呢?

듣기 연습

1 다음 녹음을 듣고 주어진 단어의 올바른 발음을 골라보세요.  Track 02-04

(1) 叫　　jiào　jiǎo　　　　　(2) 姓　　xìng　xīng

(3) 什么　shénme　shénmè　　(4) 名字　mǐngzi　míngzi

(5) 王京　Wáng Jīng　Wáng Jǐng　(6) 东沅　Dōngyuán　Dòngyuán

2 다음 녹음을 듣고 내용과 일치하는 그림을 골라보세요.  Track 02-05

(1) _____　(2) _____　(3) _____　(4) _____

말하기 연습

3 제시된 단어를 사용하여 그림의 상황에 알맞은 대화를 만들어 보세요.

(1)

A Nǐ jiào shénme míngzi?
　你叫什么名字?

B _____。 (刘婷婷)

(2)

A _____? (叫, 名字)

B Wǒ jiào Jīn Nánjùn.
　我叫金南俊。

(3)

A _____? (姓)

B Tā xìng Zhāng.
　他姓张。

(4)

A Wǒ jiào Liú Tíngting
　我叫刘婷婷，_____? (呢)

B Wǒ jiào Jīn Dōngyuán.
　我叫金东沅。

50

4 다음 대화에 밑줄 친 부분을 제시된 단어로 바꾸어 말해 보세요.

(1) A Nǐ jiào shénme míngzi?
     你叫什么名字?

   B Wǒ jiào Wáng Jīng.
     我叫<u>王京</u>。

> ① 刘华 Liú Huá   ② 马小宁 Mǎ Xiǎoníng   ③ 王娜 Wáng Nà

(2) A Tā jiào shénme míngzi?
     <u>他</u>叫什么名字?

   B Tā xìng Wáng, jiào Wáng Jīng.
     <u>他</u>姓<u>王</u>，叫<u>王京</u>。

> ① 他 Tā   ② 他 Tā   ③ 她 Tā
>   王 Wáng   张 Zhāng   刘 Liú
>   王明 Wáng Míng   张山 Zhāng Shān   刘婷婷 Liú Tíngting

5 다음 제시된 표현을 활용하여 주제에 맞게 말해 보세요.

주제	옆에 있는 친구와 서로 이름을 묻고 대답하기
표현	你姓什么? 你叫什么名字?

중국 문화

이화원

이화원(颐和园, Yíhéyuán)은 베이징 시내에서 북서쪽으로 15킬로미터 떨어진 곳에 자리 잡고 있으며 규모가 큰 만큼 역사도 깊다. 1860년 영국과 프랑스 연합군의 침략에 의해 파괴되었다가 1888년 서태후가 재건하며 '이화원'이라고 불리게 되었다. 서태후가 1889년부터 죽을 때까지 이곳에 거주했기 때문에 서태후의 '여름 별궁'이라고도 불린다.

이화원은 중국 정원의 전통적인 멋을 그대로 간직하고 있고 또 '옛 중국인들의 건축 이상향을 담고 있다'는 점에서 그 가치가 높다. 이화원의 면적은 290만 제곱미터로 만수산(万寿山, Wànshòushān)과 곤명호(昆明湖, Kūnmínghú) 등의 인공산과 호수로 조성되어 있다.

인공호수의 자연 풍광이 황제가 행궁에 머물렀던 궁전, 아름다운 누각, 화려한 태호석, 아치형 교각 등의 건축물과 결합하여 매력적인 분위기를 만들어 낸다. 1988년 유네스코 세계문화유산으로 지정되었으며 현존하는 중국 최대 규모의 '황실 정원'이다.

이화원

03

他是中国人。
그는 중국인이야.

학습 목표

자기 소개를 할 수 있다.

학습 내용

① 是자문
② 의문조사 吗

단어

실전 대화

 Track 03-01

- 是 shì 동 ~이다 감 예, 네 [응답의 말]
- 吗 ma 조 의문을 나타내는 조사
- 谁 shéi 대 누구 [의문을 나타냄]
- 中国人 Zhōngguórén 명 중국인
- 韩国人 Hánguórén 명 한국인
- 学生 xuésheng 명 학생

어법 포인트

- 日本人 Rìběnrén 명 일본인

실전 대화

Track 03-02

대화 김동원이 왕징에게 장민에 대해 묻는다.

金东沅 (Jīn Dōngyuán): Tā shì shéi?
他是谁?

王京 (Wáng Jīng): Tā shì Zhāng Mín.
他是张民。

金东沅 (Jīn Dōngyuán): Tā shì Hánguórén ma?
他是韩国人吗?

王京 (Wáng Jīng): Bú shì, tā shì Zhōngguórén.
不是,他是中国人。

金东沅 (Jīn Dōngyuán): Tā shì xuésheng ma?
他是学生吗?

王京 (Wáng Jīng): Shì.
是。

어법 포인트

1 是자문

동사 是가 술어가 되는 문장을 是자문이라고 말한다. 기본 구조는 [주어+是+목적어]이며 'A는 B이다'라고 해석한다. 부정은 不是로 표현한다.

▶예문

Wǒ shì xuésheng.
我是学生。 나는 학생이야.

Tā shì Zhōngguórén.
他是中国人。 그는 중국인이야.

Wǒ bú shì lǎoshī.
我不是老师。 나는 선생님이 아니야.

Tā bú shì Hánguórén.
他不是韩国人。 그는 한국인이 아니야.

2 의문대사 谁

의문사대 谁는 '누구'라는 뜻으로 사람을 물어볼 때 사용한다. 대답할 때는 谁 자리에 사람을 넣어 대답한다.

▶예문

Nǐ shì shéi?
你是谁？ 누구세요?

Tāmen shì shéi?
他们是谁？ 그들은 누구니?

Tā shì shéi?
他是谁？ 그는 누구니?

Shéi shì Wáng lǎoshī?
谁是王老师？ 왕 선생님이 누구신가요?

3 의문조사 吗

吗는 '～입니까?'라는 뜻의 의문조사로 문장 끝에 위치한다.

▶ 예문

Nǐ hǎo ma?
你好吗? 잘 지내니?

Nǐ shì Rìběnrén ma?
你是日本人吗? 너는 일본인이니?

Tā shì lǎoshī ma?
他是老师吗? 그는 선생님이니?

Nǐ shì xuésheng ma?
你是学生吗? 너는 학생이니?

확장 연습

1 나는 한국인이야.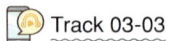

shì	是
shì Hánguórén	是韩国人
Wǒ shì Hánguórén.	我是韩国人。

2 그는 누구니?

shéi	谁
shì shéi	是谁
Tā shì shéi?	他是谁？

3 너는 학생이니?

xuésheng	学生
xuésheng ma	学生吗
shì xuésheng ma	是学生吗
Nǐ shì xuésheng ma?	你是学生吗？

듣기 연습

1 다음 녹음을 듣고 주어진 단어의 올바른 발음을 골라보세요.　　Track 03-04

(1) 是　　shì　shī　　　　　　(2) 谁　　shěi　shéi

(3) 不　　bǔ　bù　　　　　　(4) 韩国人　Hánguórén　Hánguǒrén

(5) 学生　xuěsheng　xuésheng　(6) 老师　láoshī　lǎoshī

2 다음 녹음을 듣고 내용과 일치하는 그림을 골라보세요.　　Track 03-05

A 　　　　B

C 　　　　D

(1) _____　(2) _____　(3) _____　(4) _____

말하기 연습

3 제시된 단어를 사용하여 그림의 상황에 알맞은 대화를 만들어 보세요.

(1)

A Tā jiào shénme míngzi?
　他叫什么名字?

B _____。 (金南俊)

A Tā shì Hánguórén ma?
　他是韩国人吗?

B _____。 (韩国人)

(2)

A Tā shì shéi?
　他是谁?

B _____。 (张民)

A _____? (日本人)

B Bú shì, tā shì Zhōngguórén.
　不是，他是中国人。

(3)

A _____? (叫)

B Wǒ jiào Jīn Dōngyuán.
　我叫金东沅。

A _____? (学生)

B Shì.
　是。

(4)

A Nín shì nǎ guó rén?
　您是哪国人?

B _____。 (中国人)

A _____? (老师)

B Shì.
　是。

4 다음 대화에 밑줄 친 부분을 제시된 단어로 바꾸어 말해 보세요.

(1)　A　Nǐ shì Hánguórén ma?
　　　你是<u>韩国人</u>吗?

　　　B　Shì.
　　　是。

① 职员 zhíyuán　　② 学生 xuésheng　　③ 老师 lǎoshī

(2)　A　Tā shì shéi?
　　　他是谁?

　　　B　Tā shì Wáng Jīng.
　　　他是<u>王京</u>。

① 张山 Zhāng Shān　　② 刘老师 Liú lǎoshī　　③ 刘婷婷 Liú Tíngting

5 다음 제시된 표현을 활용하여 주제에 맞게 말해 보세요.

주제　아래 인물에 대해 묻고 대답하기

표현　他叫什么名字?　他是哪国人?　他做什么工作?

(1) 莉子 / 日本人 / 学生　　(2) 王同 / 中国人 / 职员　　(3) 李成水 / 韩国人 / 老师

단어

职员 zhíyuán 명 직원　莉子 Lì Zi 명 리코　王同 Wáng Tóng 명 왕동　李成水 Lǐ Chéng shuǐ 명 이성수

중국 문화

만리장성

만리장성(万里长城, Wànlǐ Chángchéng)은 중국의 상징물이자, 세계문화유산에도 등록된 가장 장대한 규모의 건축물이다. 원래 북방 유목 민족의 침입에 대비하여 부분적으로 구축한 것을 진시황(秦始皇, Qínshǐhuáng)이 중국을 통일하며 하나로 연결시켜 재건했다. 만리장성의 길이는 총 6,300킬로미터로 이후 몇 차례의 보수 공사를 거쳐 현재 규모와 모습을 갖추게 되었다.

만리장성 중 가장 잘 알려진 바다링(八达岭, Bādá Lǐng)은 베이징 시내에서 약 90킬로미터 떨어진 곳에 위치해 있다. 명나라 때 축조된 것으로 자연 지형에 따라 장성의 높이가 다르며 능선을 따라 연결된 장성의 모습이 장관을 이룬다. 바다링은 중국의 사계를 느낄 수 있는 곳으로 가을에는 단풍이 근사하고 겨울에는 설경이 아름답다. 이 때문에 1년 내내 관광객이 끊이지 않는 곳으로 유명하다.

만리장성

04

你去哪儿?
너 어디 가니?

학습 목표
목적지를 묻고 대답할 수 있다.

학습 내용
① 의문대사 哪儿
② 정반의문문

단어

 Track 04-01

실전 대화

- 去 qù 동 가다
- 哪儿 nǎr 대 어디, 어느 곳
- 咖啡厅 kāfēitīng 명 커피숍
- 哪 nǎ 대 어느, 어떤
- 家 jiā 양 가게, 기업 등 세는 단위

어법 포인트

- 住 zhù 동 살다
- 哪里 nǎli 대 어디, 어느 곳
- 图书馆 túshūguǎn 명 도서관
- 国 guó 명 나라
- 人 rén 명 사람
- 要 yào 동 원하다, 필요하다
- 个 ge 양 개, 명
- 食堂 shítáng 명 식당
- 电影院 diànyǐngyuàn 명 영화관
- 些 xiē 양 약간, 조금, 일부
- 来 lái 동 오다

실전 대화

대화 김동원이 왕징에게 어디 가는지 묻는다.

金东沅 (Jīn Dōngyuán): Nǐ qù nǎr?
你去哪儿?

王京 (Wáng Jīng): Wǒ qù kāfēitīng.
我去咖啡厅。

金东沅 (Jīn Dōngyuán): Nǐ qù nǎ jiā kāfēitīng?
你去哪家咖啡厅?

王京 (Wáng Jīng): EDA kāfēitīng. Nǐ qù bu qù?
EDA 咖啡厅。你去不去?

金东沅 (Jīn Dōngyuán): Wǒ qù.
我去。

어법 포인트

1 의문대사 哪儿

의문대사 哪儿은 '어디', '어느 곳'이라는 뜻으로 장소나 위치를 물어볼 때 사용한다. 또 哪里라고 표현하기도 한다.

▶ 예문

Nǐ qù nǎr?
你去哪儿? 너 어디 가니?

Nǐ zhù nǎr?
你住哪儿? 너 어디 사니?

A Tā qù nǎli?
她去哪里? 그녀는 어디 가니?

B Tā qù túshūguǎn.
她去图书馆。 그녀는 도서관에 가.

2 의문대사 哪

의문대사 哪는 '어느', '어떤'이라는 뜻으로 사람이나 사물을 물어볼 때 사용한다. 주로 [哪+양사+명사]의 구조로 쓰인다.

▶ 예문

Nǐ shì nǎ guó rén?
你是哪国人? 너는 어느 나라 사람이니?

Nǐ yào nǎ ge?
你要哪个? 너는 어느 것을 원하니?

Nǐ qù nǎ jiā shítáng?
你去哪家食堂? 너는 어느 식당으로 가니?

Nǐ qù nǎ jiā diànyǐngyuàn?
你去哪家电影院? 너는 어느 영화관으로 가니?

▶ Plus

지시대사는 사람이나 사물을 가리킬 때 사용한다. 공간적, 심리적, 시각적 거리에 따라 구분한다.

	단수	복수
근칭	这(个) zhè(ge) 이, 이것	这些 zhèxiē 이것들
원칭	那(个) nà(ge) 그, 저, 그것, 저것	那些 nàxiē 그것들
의문	哪(个) nǎ(ge) 어느, 어느 것	哪些 nǎxiē 어느, 어떤

3 정반의문문

동사 혹은 형용사의 긍정형과 부정형을 나란히 붙여 만든 문장을 정반의문문이라고 한다. 이때 의문조사 吗는 사용하지 않는다.

▶ 예문

Nǐ qù bu qù?
你去不去? 너 가니 안 가니?

Tā lái bu lái?
他来不来? 그는 오니 안 오니?

Tāmen hǎo bu hǎo?
他们好不好? 그들은 좋니 안 좋니?

Tā shì bu shì Hánguórén?
他是不是韩国人? 그는 한국인이니 아니니?

확장 연습

1 너 어디 가니?

nǎr	哪儿
qù nǎr	去哪儿
Nǐ qù nǎr?	你去哪儿?

2 너는 어느 나라 사람이니?

nǎ	哪
nǎ guó rén	哪国人
shì nǎ guó rén	是哪国人
Nǐ shì nǎ guó rén?	你是哪国人?

3 너 가니 안 가니?

qù	去
bú qù	不去
qù bu qù	去不去
Nǐ qù bu qù?	你去不去?

듣기 연습

1 다음 녹음을 듣고 주어진 단어의 올바른 발음을 골라보세요.  Track 04-04

(1) 去　　qū　qù　　　　　　(2) 哪　　nǎ　ná

(3) 家　　jiā　jià　　　　　　(4) 来　　lǎi　lái

(5) 咖啡厅　káféitīng　kāfēitīng　(6) 电影院　diànyíngyuán　diànyǐngyuàn

2 녹음을 듣고 내용과 일치하는 그림을 골라보세요.  Track 04-05

A  　　B

C 　　D

(1) _____　(2) _____　(3) _____　(4) _____

말하기 연습

3 제시된 단어를 사용하여 그림의 상황에 알맞은 대화를 만들어 보세요.

(1)

A　Tā shì bu shì Zhōngguórén?
　　她是不是中国人?

B　_____。（中国人）

A　Tā jiào bu jiào Wáng Jīng?
　　她叫不叫王京?

B　_____。（王京）

(2)

A　_____? （咖啡厅）

B　Tā bú qù kāfēitīng.
　　她不去咖啡厅。

A　Tā qù nǎr?
　　她去哪儿?

B　_____。（图书馆）

(3)

A　_____? （哪儿）

B　Tāmen qù diànyǐngyuàn.
　　他们去电影院。

A　Tāmen qù nǎ jiā diànyǐngyuàn?
　　他们去哪家电影院?

B　_____。（CQV电影院）

(4)

A　Wáng Jīng shì nǎ guó rén?
　　王京是哪国人?

B　_____。（中国人）

A　_____? （哪国人）

B　Tā shì Hánguórén.
　　他是韩国人。

4 다음 대화에 밑줄 친 부분을 제시된 단어로 바꾸어 말해 보세요.

(1) A 你去哪儿?
     Nǐ qù nǎr?

   B 我去<u>咖啡厅</u>。
     Wǒ qù kāfēitīng.

① 图书馆 túshūguǎn ② 食堂 shítáng ③ 电影院 diànyǐngyuàn

(2) A 他<u>去</u>不<u>去</u>宿舍?
     Tā qù bu qù sùshè?

   B 他<u>去</u>宿舍。
     Tā qù sùshè.

① 住 zhù ② 来 lái ③ 回 huí

5 다음 제시된 표현을 활용하여 주제에 맞게 말해 보세요.

주제 아래 인물이 누구이고 어디를 가는지 묻고 대답하기

표현 他是谁? 他是哪国人? 他去哪儿?

(1) 张美林 / 中国人 / 图书馆 (2) 金秀美 / 韩国人 / 咖啡厅

단어

宿舍 sùshè 명 기숙사 回 huí 동 돌아가다 张美林 Zhāng Měilín 명 장메이린 金秀美 Jīn Xiùměi 명 김수미

중국 문화

병마용갱

병마용갱(兵马俑坑, Bīngmǎyǒng kēng)은 역사적으로 가장 유명한 유적지로, 중국을 최초로 통일한 진시황의 무덤인 진시황릉 부근에서 발견된 지하 갱도이다. 1974년 중국 서안 외곽에 위치한 시골 마을에서 우물을 파던 농부에 의해 우연히 발견되었는데 그 규모가 방대하며 거대한 돔으로 덮여 있다.

진시황릉(秦始皇陵, Qínshǐhuánglíng)에서 동쪽으로 1.5킬로미터 떨어진 지역에서 황릉을 경호하는 실물 크기의 병사와 병마 도용들이 발견되었다. 현재 공개된 1호, 2호, 3호 용갱들은 당시 진나라의 군대 편성을 그대로 재현하고 있다. 병마용갱의 총면적은 약 2만여 제곱미터로 추정되며 3개의 용갱 속 실물 크기의 병사들은 겉옷을 입은 것과 갑옷을 입은 것으로 구분되어 있다. 도용들은 모습은 섬세하고 생생하며 표정도 제각각 다르게 표현되어 있다. 도용들이 만들어질 당시에는 채색이 되어 있었지만, 발굴 과정에서 노출된 빛에 의해 색이 모두 바래버렸다.

세계 8대 불가사의 중 하나로 꼽히는 병마용갱은 도용들 하나하나가 예술 작품으로 인정받고 있으며 진(秦, Qín)나라 시대의 연구 자료로서 역사적, 고고학적 가치가 매우 높다.

병마용갱

05

你喜欢做什么?
너는 뭐 하는 걸 좋아하니?

학습 목표

좋아하는 것을 묻고 대답할 수 있다.

학습 내용

① 형용사 술어문
② 연동문

단어

실전 대화

- 看 kàn 동 보다
- 电影 diànyǐng 명 영화
- 很 hěn 부 매우
- 忙 máng 형 바쁘다
- 而且 érqiě 접 게다가, 또한
- 喜欢 xǐhuan 동 좋아하다
- 做 zuò 동 하다, 종사하다
- 玩(儿) wán(r) 동 놀다, (게임 등을) 하다
- 游戏 yóuxì 명 게임

어법 포인트

- 困 kùn 형 졸리다
- 饿 è 형 배고프다
- 累 lèi 형 피곤하다
- 可乐 kělè 명 콜라 [可口可乐의 줄임말]
- 化妆 huàzhuāng 동 화장하다
- 听 tīng 동 듣다
- 音乐 yīnyuè 명 음악
- 回家 huí jiā 동 집으로 돌아가다
- 书 shū 명 책

실전 대화

대화 김동원과 왕징이 좋아하는 것에 대해 이야기한다.

Track 05-02

金东沅 (Jīn Dōngyuán)
Wǒmen qù kàn diànyǐng. Nǐ qù ma?
我们去看电影。你去吗?

王京 (Wáng Jīng)
Bú qù. Wǒ hěn máng. Érqiě wǒ bù xǐhuan kàn diànyǐng.
不去。我很忙。而且我不喜欢看电影。

金东沅 (Jīn Dōngyuán)
Nǐ xǐhuan zuò shénme?
你喜欢做什么?

王京 (Wáng Jīng)
Wǒ xǐhuan wánr yóuxì.
我喜欢玩儿游戏。

어법 포인트

1 형용사 술어문

형용사가 술어의 역할을 하는 문장을 형용사 술어문이라 한다. 사물이나 사람의 성질 혹은 상태를 나타내며 형용사 앞에 주로 정도부사 很을 붙여 사용한다.

▶예문

Wǒ hěn máng.
我很忙。 나는 매우 바빠.

Wǒ hěn kùn.
我很困。 나는 매우 피곤해.

Wǒmen hěn è.
我们很饿。 우리는 매우 배고파.

Lǎoshī hěn lèi.
老师很累。 선생님은 매우 힘들어.

2 동사 喜欢

동사 喜欢은 '~을(를) 좋아하다'는 뜻으로 기호나 취미를 표현한다. 부정할 때는 喜欢 앞에 부정부사 不를 붙여 표현한다.

▶예문

Nǐ xǐhuan shénme?
A 你喜欢什么? 너는 뭘 좋아하니?

Wǒ xǐhuan kělè.
B 我喜欢可乐。 나는 콜라를 좋아해.

Tā xǐhuan zuò shénme?
A 她喜欢做什么? 그녀는 뭐 하는 걸 좋아하니?

Tā xǐhuan huàzhuāng.
B 她喜欢化妆。 그녀는 화장하는 걸 좋아해.

3 연동문

두 개의 동사 혹은 동사구를 연이어 사용하는 문장을 연동문이라고 한다. 연동문은 동작의 발생 순서에 따라 배열한다.

▶ 예문

Wǒ qù kàn tā.
我去看他。 나는 그를 보러 간다.

Wǒ qù tīng yīnyuè.
我去听音乐。 나는 노래를 들으러 간다.

Wǒ huí jiā wánr yóuxì.
我回家玩儿游戏。 나는 집에 가서 게임을 한다.

Wǒ qù túshūguǎn kàn shū.
我去图书馆看书。 나는 도서관에 가서 책을 본다.

확장 연습

1 나는 매우 바빠.

máng	忙
hěn máng	很忙
Wǒ hěn máng.	我很忙。

2 너는 뭐 하는 걸 좋아하니?

zuò	做
zuò shénme	做什么
xǐhuan zuò shénme	喜欢做什么
Nǐ xǐhuan zuò shénme?	你喜欢做什么?

3 우리는 영화를 보러 간다.

diànyǐng	电影
kàn diànyǐng	看电影
qù kàn diànyǐng	去看电影
Wǒmen qù kàn diànyǐng.	我们去看电影。

듣기 연습

1 다음 녹음을 듣고 주어진 단어의 올바른 발음을 골라보세요.

(1) 很　　hén　hěn

(2) 做　　zuò　zuō

(3) 玩　　wán　wǎn

(4) 忙　　mǎng　máng

(5) 游戏　yòuxì　yóuxì

(6) 喜欢　xǐhuan　xīhuan

2 녹음을 듣고 내용과 일치하는 그림을 골라보세요.

A

B

C

D

(1) _____　(2) _____　(3) _____　(4) _____

말하기 연습

3 제시된 단어를 사용하여 그림의 상황에 알맞은 대화를 만들어 보세요.

(1)
A Tā máng ma?
  他忙吗?
B _____。 (很)

A Tā zuò shénme?
  他做什么?
B _____。 (工作)

(2)
A Tā máng bu máng?
  她忙不忙?
B _____。 (不忙)

A _____? (做)

B Tā kàn diànshì.
  她看电视。

(3)
A Nǐ qù nǎr?
  你去哪儿?
B _____。 (图书馆)

A Nǐ qù túshūguǎn zuò shénme?
  你去图书馆做什么?
B _____。 (看书)

(4)
A _____? (哪儿)

B Wǒ qù shāngchǎng.
  我去商场。

A Nǐ qù shāngchǎng zuò shénme?
  你去商场做什么?
B _____。 (买东西)

단어

工作 gōngzuò 명동 일(하다), 노동(하다)　　电视 diànshì 명 TV　　商场 shāngchǎng 명 (건물 안의)시장, 상가
买 mǎi 동 사다　　东西 dōngxi 명 물건

4 다음 대화에 밑줄 친 부분을 제시된 단어로 바꾸어 말해 보세요.

(1) A Nǐ xǐhuan zuò shénme?
 你喜欢做什么?

 B Wǒ xǐhuan kàn diànyǐng.
 我喜欢<u>看电影</u>。

 ① 玩儿游戏 wánr yóuxì ② 听音乐 tīng yīnyuè ③ 化妆 huàzhuāng

(2) A Tā máng bu máng?
 他忙不忙?

 B Tā hěn máng.
 他很忙。

 ① 困 kùn ② 累 lèi ③ 饿 è

5 다음 제시된 표현을 활용하여 주제에 맞게 말해 보세요.

주제 친구의 주말 일정 물어보기

표현 周末你去哪儿?   你去那儿做什么?

단어

周末 zhōumò 명 주말

중국 문화

춘절과 중추절

중국의 가장 큰 명절로 춘절(春节, Chūnjié)과 중추절(中秋节, Zhōngqiū Jié)을 꼽을 수 있다. 춘절은 음력 1월 1일로, 중국 최대의 명절이다. 춘절에는 다양한 풍습과 놀이를 즐긴다. 춘절 하루 전날 저녁을 '제석(除夕, chúxī)'이라고 하며 이 날이 되면 외지에 나가 있는 가족들이 한 자리에 모여 풍성한 춘절 음식을 먹는데, 이것을 '연야반(年夜饭, niányèfàn)'이라고 한다. 자정이 되면 '과년(过年, guònián)'이라고 하여 묵은해를 보내고 새해를 맞이하며 동시에 한해의 평안과 복을 기원하며 폭죽을 터트린다. 오늘날 폭죽은 안전을 위해 대부분의 도시에서 금지하고 있다.

중추절은 음력 8월 15일로 우리 나라의 추석에 해당한다. 민간에서는 달을 감상하고 평안을 기원하는 제사를 지내는 풍습이 있다. 또 한국에서 추석 때 송편을 먹는 것과 같이 중국인은 월병(月饼, yuèbǐng)을 만들어 먹는다. 온 가족이 모여 월병을 나누어 먹는 습관은 중추절하면 빼놓을 수 없는 세시 풍속이다. 지역마다 월병의 모양이 조금씩 다르기는 하지만 대부분 보름달처럼 둥근 모양이다. 이는 가정의 원만함과 단란함을 기원하는 의미가 담겨 있다.

중추절 월병

06

祝你生日快乐!
생일 축하해!

학습 목표

날짜를 묻고 대답할 수 있다.

학습 내용

① 구조조사 的
② 숫자 표현

단어

 Track 06-01

실전 대화

- □ 的 de 조 ~의
- □ 生日 shēngrì 명 생일
- □ 几 jǐ 수 몇
- □ 月 yuè 명 월
- □ 号 hào 명 일, 날
- □ 明天 míngtiān 명 내일
- □ 祝 zhù 동 축하하다, 기원하다
- □ 快乐 kuàilè 형 기쁘다

어법 포인트

- □ 今天 jīntiān 명 오늘
- □ 星期 xīngqī 명 요일
- □ 家 jiā 명 가정, 집안, 집
- □ 爸爸 bàba 명 아빠
- □ 手机 shǒujī 명 핸드폰
- □ 幺 yāo 수 숫자 '一'대신에 쓰이는 글자 [단독으로만 쓰임]
- □ 日 rì 명 (특정한) 날, 일 [= 号 hào]
- □ 周 zhōu 명 주, 요일

실전 대화

Track 06-02

대화 김동원과 왕징이 생일을 묻고 대답한다.

金东沅 (Jīn Dōngyuán)
Nǐ de shēngrì shì jǐ yuè jǐ hào?
你的生日是几月几号？

王京 (Wáng Jīng)
Wǔ yuè shí hào.
五月十号。

金东沅 (Jīn Dōngyuán)
Míngtiān shì nǐ de shēngrì. Zhù nǐ shēngrì kuàilè!
明天是你的生日。祝你生日快乐！

王京 (Wáng Jīng)
Xièxie.
谢谢。

어법 포인트

1 의문대사 几

의문대사 几는 '몇'이라는 뜻으로 10 이하의 숫자 혹은 수량을 나타낼 때 사용한다. 일반적으로 [几+양사+(명사)]의 구조로 쓰인다.

▶예문

Jīntiān jǐ hào?
今天几号? 오늘은 며칠이니?

Nǐ de shēngrì shì jǐ yuè jǐ hào?
你的生日是几月几号? 네 생일은 몇 월 며칠이니?

Jīntiān xīngqī jǐ?
今天星期几? 오늘은 무슨 요일이니?

Xīngqī liù shì jǐ hào?
星期六是几号? 토요일은 며칠이니?

2 구조조사 的

조사 的는 소유나 소속을 나타내며 '~의'라는 뜻으로 사용한다.

▶예문

wǒ de shū
我的书 나의 책

nǐ de jiā
你的家 너희 집

nǐ de shēngrì
你的生日 너의 생일

bàba de shǒujī
爸爸的手机 아빠의 핸드폰

3 숫자 표현

(1) 숫자 익히기

일	이	삼	사	오	육	칠	팔	구	십
一 yī	二 èr	三 sān	四 sì	五 wǔ	六 liù	七 qī	八 bā	九 jiǔ	十 shí

십일	십이	십삼	십사	십오	십육	십칠	십팔	십구	이십
十一 shíyī	十二 shí'èr	十三 shísān	十四 shísì	十五 shíwǔ	十六 shíliù	十七 shíqī	十八 shíbā	十九 shíjiǔ	二十 èrshí
삼십	사십	오십	육십	칠십	……	백	천	만	영
三十 sānshí	四十 sìshí	五十 wǔshí	六十 liùshí	七十 qīshí		一百 yìbǎi	一千 yìqiān	一万 yíwàn	零 líng

(2) 방 번호나 전화번호의 '숫자 1'은 幺로 표현한다.

201호	二零幺号 èr líng yāo hào
010 - 2345 - 6789	零幺零二三四五六七八九 líng yāo líng èr sān sì wǔ liù qī bā jiǔ

4 날짜 표현

년	월	일
2021년 二零二一年 èr líng èr yī nián	10월 十月 shí yuè	23일 二十三号 èrshísān hào

(1) '년도'를 읽을 때는 숫자를 하나씩 읽는다.
(2) '월'은 숫자 뒤에 月를 붙여 읽는다.
(3) '일'은 날짜 뒤에 号 혹은 日를 붙여 읽는다. 구어에서는 주로 号를 사용한다.
(4) 월요일부터 토요일까지는 星期 뒤에 숫자 1~6을 붙여 표현하고 일요일은 星期天 혹은 星期日로 표현한다. 또 星期 대신에 周로 표현할 수도 있다.

월요일	星期一 xīngqīyī	화요일	星期二 xīngqī'èr	수요일	星期三 xīngqīsān
목요일	星期四 xīngqīsì	금요일	星期五 xīngqīwǔ	토요일	星期六 xīngqīliù
일요일	星期天 xīngqītiān / 星期日 xīngqīrì				

확장 연습

1 네 생일은 몇 월 며칠이니?

jǐ hào	几号
jǐ yuè jǐ hào	几月几号
shēngrì shì jǐ yuè jǐ hào	生日是几月几号
Nǐ de shēngrì shì jǐ yuè jǐ hào?	你的生日是几月几号？

2 내일은 네 생일이네.

shēngrì	生日
nǐ de shēngrì	你的生日
shì nǐ de shēngrì	是你的生日
Míngtiān shì nǐ de shēngrì.	明天是你的生日。

3 생일 축하해.

shēngrì	生日
shēngrì kuàilè	生日快乐
Zhù nǐ shēngrì kuàilè.	祝你生日快乐。

듣기 연습

1 다음 녹음을 듣고 주어진 단어의 올바른 발음을 골라보세요. 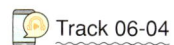 Track 06-04

(1) 几　　jī　jǐ

(2) 号　　háo　hào

(3) 祝　　zhù　zhū

(4) 星期　xìngqī　xīngqī

(5) 生日　shèngrì　shēngrì

(6) 明天　míngtián　míngtiān

2 다음 녹음을 듣고 내용과 일치하는 그림을 골라보세요.  Track 06-05

A 　　B

C 　　D

(1) _____　(2) _____　(3) _____　(4) _____

말하기 연습

3 제시된 단어를 사용하여 그림의 상황에 알맞은 대화를 만들어 보세요.

(1)
A Jīntiān jǐ yuè jǐ hào?
今天几月几号？

B _____。 (九, 二十五)

A Jīntiān xīngqī jǐ?
今天星期几？

B _____。 (二)

(2)
A _____？ (几)

B Míngtiān yī yuè shíwǔ hào.
明天一月十五号。

A _____？ (几)

B Míngtiān xīngqīliù.
明天星期六。

(3)
A Nǐ bàba de shēngrì shì jǐ yuè jǐ hào?
你爸爸的生日是几月几号？

B _____。 (七, 十一)

A Nǐ māma ne?
你妈妈呢？

B _____。 (十二, 十八)

(4)
A Jīntiān shì nǐ de shēngrì.
今天是你的生日。

_____！ (快乐)

B Jīntiān bú shì wǒ de shēngrì.
今天不是我的生日。

A _____？ (几)

B Liù yuè sān hào.
六月三号。

90

4 다음 대화에 밑줄 친 부분을 제시된 단어로 바꾸어 말해 보세요.

(1) A Nǐ de shēngrì shì jǐ yuè jǐ hào?
　　 你的生日是几月几号?

　　 B Wǔ yuè shí hào.
　　 <u>五月十号</u>。

| ① bā yuè liù hào 八月六号 | ② shí'èr yuè wǔ hào 十二月五号 | ③ sān yuè shíwǔ hào 三月十五号 |

(2) A Jīntiān xīngqī jǐ?
　　 今天星期几?

　　 B Xīngqīwǔ.
　　 <u>星期五</u>。

| ① 星期二 xīngqī'èr | ② 星期四 xīngqīsì | ③ 星期天 xīngqītiān |

5 다음 제시된 표현을 활용하여 주제에 맞게 말해 보세요.

주제　명절, 기념일 등의 날짜와 요일을 묻고 대답하기

표현　A 你的生日是几月几号?
　　　B 我的生日是三月五号, 星期六。

(1) 春节　(2) 中秋节　(3) 妈妈的生日　(4) 爸爸的生日

단어

春节 Chūnjié 명 춘절, 음력설　中秋节 Zhōngqiūjié 명 중추절　妈妈 māma 명 엄마

중국 문화

경극

경극(京剧, jīngjù)은 중국 전통 연극의 일종으로, '베이징 오페라'라고도 불린다. 그 외에 쑤저우(苏州, Sūzhōu)의 곤극(昆剧, kūnjù), 쓰촨(四川, Sìchuān)의 천극(川剧, chuānjù)이 유명하다. 경극은 노래, 연기, 대사의 세 가지 요소가 결합된 종합 예술로, 중국 예술의 역사와 전통이 고스란히 전해 내려오는 문화 유산이다.

경극의 무대와 소품은 최소한으로 사용하지만, 배우의 의상은 대단히 화려하고 분장은 아주 짙다. 분장은 색상이나 문양을 이용해서 등장인물의 성격 혹은 사회적 지위를 표시한다. 붉은색은 충성과 용맹, 정직함을 상징하고, 검은색은 엄숙과 호방, 강직함을 상징하며 흰색은 음흉함과 교활함을 상징한다.

경극은 황제의 축하 공연으로 시작되었지만 한때 홀대를 받은 적이 있다. 그러나 이화원에 경극 공연을 위한 극장이 지어지며 귀족들에게 다시 환영을 받았다. 이후 베이징 대표 연극 문화 예술로 자리 잡게 된다. 오늘날 대중에게 잘 알려진 메이란팡(梅兰芳, Méi Lánfāng)의 '패왕별희(霸王别姬, Bàwáng biéjī)'가 대표적인 작품이라 할 수 있다.

경극

07

我要看电影。
나는 영화를 볼 거야.

학습 목표

시간을 묻고 대답할 수 있다.

학습 내용

① 조동사 要
② 시간 표현

단어

실전 대화

Track 07-01

- 要 yào 조동 ~하려고 하다
- 啊 a 조 문장 끝에 쓰여 긍정·동의 등을 나타냄
- 点 diǎn 양 시
- 怎么样 zěnmeyàng 대 어떠하다

어법 포인트

- 北京 Běijīng 명 베이징, 북경 [중국의 수도]
- 想 xiǎng 조동 ~하고 싶다
- 件 jiàn 양 벌 [옷 따위를 세는 단위]
- 衣服 yīfu 명 옷, 의복
- 喝 hē 동 마시다
- 咖啡 kāfēi 명 커피
- 身体 shēntǐ 명 몸, 신체
- 见面 jiànmiàn 동 만나다
- 分 fēn 양 분
- 现在 xiànzài 명 지금, 현재
- 刻 kè 명 15분
- 半 bàn 수 절반, 반
- 差 chà 형 부족하다, 모자라다, ~전
- 上午 shàngwǔ 명 오전
- 下午 xiàwǔ 명 오후
- 两 liǎng 수 2, 둘

실전 대화

 Track 07-02

대화 왕징과 김동원이 약속 시간을 상의한다.

王京
Wǒ yào kàn diànyǐng, nǐ qù bu qù?
我要看电影，你去不去？

金东沅
Hǎo a, wǒ qù. Wǒmen jǐ diǎn jiàn?
好啊，我去。我们几点见？

王京
Shí diǎn, zěnmeyàng?
十点，怎么样？

金东沅
Hǎo a.
好啊。

어법 포인트

1 조동사 要

조동사 要는 '~하려고 하다'라는 뜻으로 주관적인 의지나 바람을 나타낸다. 부정은 不想으로 표현한다.

▶예문

Wǒ yào huí jiā.
我要回家。 나는 집에 갈 거야.

Wǒ yào qù Běijīng.
我要去北京。 나는 베이징에 갈 거야.

Wǒ bù xiǎng kàn shū.
我不想看书。 나는 책을 읽기 싫어.

Wǒ bù xiǎng gōngzuò.
我不想工作。 나는 일하기 싫어.

2 의문대사 怎么样

상대방의 동의를 구하거나 혹은 사물의 상태에 대해 물어볼 때 사용한다.

▶예문

Zhè jiàn yīfu, zěnmeyàng?
这件衣服，怎么样? 이 옷은 어때?

Wǒmen hē kāfēi, zěnmeyàng?
我们喝咖啡，怎么样? 우리 커피 마시는 거 어때?

Nǐ māma shēntǐ, zěnmeyàng?
你妈妈身体，怎么样? 너희 어머니 건강은 어때?

Wǒmen liù diǎn jiàn miàn, zěnmeyàng?
我们六点见面，怎么样? 우리 여섯 시에 만나는 거 어때?

3 시간 표현

중국어로 시간은 点, 분은 分으로 표현하고 시간을 물을 때는 의문대사 几를 사용해 '现在几点？'으로 표현한다.

시	분	15분	30분, 반	~전	오전	오후
diǎn 点	fēn 分	kè 刻	bàn 半	chà 差	shàngwǔ 上午	xiàwǔ 下午

15분은 一刻, 45분은 三刻로 표현한다. 또 '몇 시 몇 분 전'이라고 표현할 때는 差를 사용한다. '11시 5분 전'을 중국어로 差五分十一点이라고 말한다. 2시는 两点으로 표현한다.

2:15	两点十五分 liǎng diǎn shíwǔ fēn	两点一刻 liǎng diǎn yí kè
3:30	三点三十分 sān diǎn sānshí fēn	三点半 sān diǎn bàn
4:45	四点四十五分 sì diǎn sìshíwǔ fēn	四点三刻 sì diǎn sān kè
7:50	七点五十分 qī diǎn wǔshí fēn	差十分八点 chà shí fēn bā diǎn

확장 연습

1 나는 영화를 볼 거야.

yào	要
yào kàn	要看
yào kàn diànyǐng	要看电影
Wǒ yào kàn diànyǐng.	我要看电影。

2 우리 커피 마시는 거 어때?

zěnmeyàng	怎么样
kāfēi zěnmeyàng	咖啡 怎么样
hē kāfēi zěnmeyàng	喝咖啡 怎么样
Wǒmen hē kāfēi, zěnmeyàng?	我们喝咖啡，怎么样？

3 나는 10시에 친구를 만나.

jiàn	见
jiàn péngyou	见朋友
shí diǎn jiàn péngyou	十点见朋友
Wǒ shí diǎn jiàn péngyou.	我十点见朋友。

Track 07-03

듣기 연습

1 다음 녹음을 듣고 주어진 단어의 올바른 발음을 골라보세요.  Track 07-04

(1) 点　　dián　diǎn　　　　(2) 见　jiàn　jiān

(3) 咖啡　kàfēi　kāfēi　　　(4) 怎么样　zěnmeyàng　zěnměyàng

(5) 现在　xiánzài　xiànzài　(6) 身体　shēntǐ　shéntǐ

2 다음 녹음을 듣고 내용과 일치하는 그림을 골라보세요.  Track 07-05

A 　　　　B

C 　　　　D

(1) _____　(2) _____　(3) _____　(4) _____

말하기 연습

3 제시된 단어를 사용하여 그림의 상황에 알맞은 대화를 만들어 보세요.

(1)

A Nǐ yào qù nǎr?
你要去哪儿?

B _____。 (咖啡厅)

A Nǐ hé shéi qù?
你和谁去?

B _____。 (朋友)

(2)

A Nǐ yào zuò shénme?
你要做什么?

B _____。 (看电影)

A Nǐ hé shéi qù?
你和谁去?

B _____。 (男朋友)

(3)

A _____? (哪儿)

B Wǒ yào qù túshūguǎn.
我要去图书馆。

A _____? (谁)

B Wǒ hé nǚ péngyou qù.
我和女朋友去。

(4)

A _____? (做)

B Wǒ yào chī fàn.
我要吃饭。

A _____? (哪儿)

B Wǒ yào qù shítáng chī fàn.
我要去食堂吃饭。

단어

男朋友 nánpéngyou 명 남자친구　和 hé 접 ~와/과　女朋友 nǚpéngyou 명 여자친구　吃饭 chī fàn 동 밥을 먹다

4 다음 대화에 밑줄 친 부분을 제시된 단어로 바꾸어 말해 보세요.

(1) A 我要<u>看电影</u>，你去不去?
   Wǒ yào kàn diànyǐng, nǐ qù bu qù?

   B 我去。
   Wǒ qù.

> ① 吃饭 chī fàn　　② 喝奶茶 hē nǎichá　　③ 买衣服 mǎi yīfu

(2) A 你几点<u>看电影</u>?
   Nǐ jǐ diǎn kàn diànyǐng?

   B <u>十点</u>。
   Shí diǎn.

> ① 去图书馆 qù túshūguǎn　　② 见朋友 jiàn péngyou　　③ 去学校 qù xuéxiào
> 　十二点 shí'èr diǎn　　　　　六点 liù diǎn　　　　　　九点 jiǔ diǎn

5 다음 제시된 표현을 활용하여 주제에 맞게 말해 보세요.

주제	하루 일과를 시간대별로 표현하기
표현	我八点起床。　我九点吃饭。
참고	起床　吃饭　学习　去学校　见朋友　睡觉

단어

奶茶 nǎichá 명 밀크티　　起床 qǐchuáng 동 기상하다　　学习 xuéxí 동 공부하다　　学校 xuéxiào 명 학교
朋友 péngyou 명 친구　　睡觉 shuìjiào 동 잠자다

중국 문화

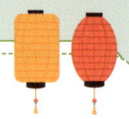

동방명주

동방명주(东方明珠, Dōngfāng míngzhū)는 1994년 완공된 아시아 최대 높이의 건축물 중 하나로 상하이(上海, Shànghǎi)의 상징이자 중국의 자랑이다. 동방명주의 본래 용도는 라디오와 텔레비전 송수신 관제탑으로 그 높이가 468미터에 이른다. 디자인이 독특하게 설계된 이 타워는 둥근 모양이 진주 같다고 하여 '동양의 진주'라고 불린다.

동방명주는 옥으로 만든 쟁반에서 크고 작은 옥이 떨어져 내리는 아름다움을 묘사했다고 한다. 내부에 전망대가 설치되어 있어 상하이의 야경을 한눈에 감상할 수 있을 뿐만 아니라 밤이 되면 찬란한 야간 조명을 선보이며 상하이의 아름다운 야경을 한층 더 부각시켜 준다.

동방명주의 엘리베이터는 탑승 후 불과 40초 만에 최고층 전망대에 도착하는 초고속 엘리베이터로, 한때 전 세계에서 가장 빠른 엘리베이터로 화제를 모았다. 동방명주의 전망대에서 내려다보는 상하이의 도시 야경도 아름답지만, 와이탄(外滩, Wàitān)의 강변 산책로나 황푸강(黄浦江, Huángpǔ Jiāng) 유람선에서 보는 동방명주는 색다른 매력을 뽐낸다.

동방명주

08

我家有三只小狗。
우리 집에 강아지 세 마리가 있어.

학습 목표

소유를 나타낼 수 있다.

학습 내용

① 有자문
② 양사

단어

Track 08-01

실전 대화

- □ 小狗 xiǎogǒu 명 개, 강아지
- □ 真 zhēn 부 정말(로), 참으로
- □ 可爱 kě'ài 형 귀엽다
- □ 有 yǒu 동 있다
- □ 只 zhī 양 마리 [동물을 세는 단위]
- □ 没有 méiyǒu 동 없다

어법 포인트

- □ 弟弟 dìdi 명 남동생
- □ 本 běn 양 권 [책을 세는 단위]
- □ 好吃 hǎochī 형 맛있다
- □ 小猫 xiǎomāo 명 고양이

실전 대화

대화 왕징과 김동원이 강아지에 대해 이야기한다.

金东沅 (Jīn Dōngyuán):
Xiǎogǒu zhēn kě'ài!
小狗真可爱！

王京 (Wáng Jīng):
Nǐ jiā yǒu xiǎogǒu ma?
你家有小狗吗？

金东沅 (Jīn Dōngyuán):
Yǒu. Wǒ jiā yǒu sān zhī xiǎogǒu. Nǐ ne?
有。我家有三只小狗。你呢？

王京 (Wáng Jīng):
Wǒ méiyǒu. Wǒ bù xǐhuan gǒu.
我没有。我不喜欢狗。

어법 포인트

1 有자문

동사 有는 '~이 있다', '가지고 있다'라는 뜻으로 소유를 나타내며, 부정은 没有로 표현한다.

▶예문

Wǒ jiā yǒu xiǎogǒu.
我家有小狗。 우리 집에 강아지가 있어.

Wǒ méiyǒu nánpéngyou.
我没有男朋友。 나는 남자 친구가 없어.

Nǐ yǒu dìdi ma?
A 你有弟弟吗? 너는 남동생이 있니?

Wǒ yǒu liǎng ge dìdi.
B 我有两个弟弟。 나는 남동생이 두 명 있어.

2 양사

양사는 사람 또는 사물 등을 세는 단위로, 주로 [수사/지시대사+양사+명사]의 구조로 쓰인다.

▶예문

yí ge rén
一个人 한 사람

sān zhī gǒu
三只狗 강아지 세 마리

zhè běn shū
这本书 이 책

zhè jiàn yīfu
这件衣服 이 옷

3 真 감탄문

부사 真은 '정말(로)', '진짜'라는 뜻으로 형용사 앞에 쓰여 감탄을 나타낸다. 문장 끝에 종종 어기조사 啊를 붙여 사용한다.

▶ 예문

Zhēn hǎochī!
真好吃! 정말 맛있다!

Zhēn máng a!
真忙啊! 정말 바빠!

Jīntiān zhēn lèi!
今天真累! 오늘 진짜 힘들다!

Xiǎomāo zhēn kě'ài!
小猫真可爱! 고양이 진짜 귀엽다!

확장 연습

1 강아지 진짜 귀엽다!

kě'ài	可爱
zhēn kě'ài	真可爱!
Xiǎogǒu zhēn kě'ài!	小狗真可爱!

2 우리 집에 강아지가 있어.

yǒu	有
yǒu xiǎogǒu	有小狗
yǒu yì zhī xiǎogǒu	有一只小狗
Wǒ jiā yǒu yì zhī xiǎogǒu.	我家有一只小狗。

3 나는 강아지 안 좋아해.

xǐhuan	喜欢
xǐhuan xiǎogǒu	喜欢小狗
bù xǐhuan xiǎogǒu	不喜欢小狗
Wǒ bù xǐhuan xiǎogǒu.	我不喜欢小狗。

듣기 연습

1 다음 녹음을 듣고 주어진 단어의 올바른 발음을 골라보세요.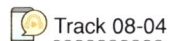

(1) 真　　zhěn　　zhēn　　　　(2) 只　　zhī　　zhì

(3) 小狗　xiáogǒu　xiǎogǒu　　(4) 可爱　ké'āi　kě'ài

(5) 没有　méiyǒu　méiyóu　　　(6) 好吃　háochī　hǎochī

2 다음 녹음을 듣고 내용과 일치하는 그림을 골라보세요.

A 　　　　　　B

C 　　　　　　D

(1) _____　(2) _____　(3) _____　(4) _____

말하기 연습

3 제시된 단어를 사용하여 그림의 상황에 알맞은 대화를 만들어 보세요.

(1)

A　Nǐ xǐhuan xiǎomāo ma?
　　你喜欢小猫吗?

B　_____。　(不喜欢)

A　Nǐ xǐhuan shénme?
　　你喜欢什么?

B　_____。　(小狗)

(2)

A　Nǐ xǐhuan chá ma?
　　你喜欢茶吗?

B　_____。　(不喜欢)

A　Nǐ xǐhuan shénme?
　　你喜欢什么?

B　_____。　(咖啡)

(3)

A　Nǐ xǐhuan kàn diànyǐng ma?
　　你喜欢看电影吗?

B　_____。　(不喜欢)

A　Nǐ xǐhuan zuò shénme?
　　你喜欢做什么?

B　_____。　(玩儿游戏)

(4)

A　Nǐ xǐhuan chànggē ma?
　　你喜欢唱歌吗?

B　_____?　(不喜欢)

A　Nǐ xǐhuan zuò shénme?
　　你喜欢做什么?

B　_____?　(听歌)

💡 **단어**

茶 chá 명 차　唱歌 chànggē 동 노래를 부르다　听歌 tīnggē 동 노래를 듣다

4 다음 대화에 밑줄 친 부분을 제시된 단어로 바꾸어 말해 보세요.

(1)   A   Nǐ yǒu xiǎogǒu ma?
         你有<u>小狗</u>吗?

      B   Yǒu.
         <u>有</u>。

---

① 哥哥 gēge   ② 男朋友 nánpéngyou   ③ 妹妹 mèimei
  有 yǒu   没有 méiyǒu   有 yǒu

---

(2)   A   Nǐ yǒu jǐ zhī xiǎogǒu?
         你有几<u>只小狗</u>?

      B   Yǒu sān zhī.
         有<u>三只</u>。

---

① 本 běn, 书 shū   ② 只 zhī, 小猫 xiǎomāo   ③ 只 zhī, 小鸡 xiǎojī
  五本 wǔ běn   两只 liǎng zhī   三只 sān zhī

---

5 다음 제시된 표현을 활용하여 주제에 맞게 말해 보세요.

주제   친구가 좋아하는 것과 싫어하는 것을 알아보기

표현   你喜欢(做)什么?   你不喜欢(做)什么?

단어

哥哥 gēge 명 형, 오빠   妹妹 mèimei 명 여동생   小鸡 xiǎojī 명 병아리

훠궈(중국식 샤브샤브)

훠궈(火锅, huǒguō)는 고기, 해산물, 야채, 면 등을 육수에 넣어 살짝 익혀 먹는 중국 전통 음식이다. 여기서 '훠궈'는 끓이는 그릇을 뜻한다. 훠궈는 3세기 위(魏, Wèi), 촉(한)(蜀汉, Shǔ Hàn), 오(吴, Wú) 삼국시대에 촉한의 제갈량(诸葛亮, Zhūgě Liàng)이 당시 군대의 조리 도구였던 큰 솥을 다섯 칸으로 나누고, 여러 식재료를 끓여서 군사를 먹였다는 데에서 유래되었다는 설이다.

다른 하나는 13세기 몽골의 칭기즈칸(成吉思汗, Chéngjísī Hán)이 기마병을 이끌고 대륙을 평정하던 때, 투구를 벗어 물을 끓인 후, 휴대하던 마른 양고기나 현지에서 조달한 재료를 익혀 먹은 데에서 유래되었다는 설이다.

훠궈는 지역에 따라 들어가는 재료가 다르며, 재료를 보면 그 지역의 음식 문화를 알 수 있다. 쓰촨식 훠궈는 매운맛을 강하게 내는 향료인 화자오(花椒, huājiāo)를 넣어 깔끔하면서 얼얼한 매운맛이 특징이다. 광둥(广东, Guǎngdōng)식 훠궈는 바다와 인접한 지리적인 요건으로 해산물을 많이 사용한다.

훠궈(중국식 샤브샤브)

09

你在哪儿?
너 어디 있니?

학습 목표

장소를 묻고 대답할 수 있다.

학습 내용

① 在의 용법
② 어기조사 吧

단어

 Track 09-01

실전 대화

- ☐ 在 zài 동 ~에 있다 개 ~에, 에서
- ☐ 吧 ba 조 ~하자, ~해라 [명령, 제안, 청유, 추측 등을 나타내는 어기조사]
- ☐ 一起 yìqǐ 부 같이, 함께

어법 포인트

- ☐ 洗手间 xǐshǒujiān 명 화장실
- ☐ 上课 shàngkè 동 수업하다
- ☐ 公司 gōngsī 명 회사
- ☐ 超市 chāoshì 명 마트
- ☐ 教室 jiàoshì 명 교실
- ☐ 学生食堂 xuéshēng shítáng 명 학생 식당

실전 대화

대화 김동원이 왕징에게 식사 제안을 한다.

金东沅 (Jīn Dōngyuán): Wáng Jīng, nǐ zài nǎr?
王京，你在哪儿？

王京 (Wáng Jīng): Wǒ zài túshūguǎn.
我在图书馆。

金东沅 (Jīn Dōngyuán): Wǒmen yìqǐ qù chī fàn ba.
我们一起去吃饭吧。

王京 (Wáng Jīng): Hǎo a.
好啊。

어법 포인트

1 在의 용법

(1) 동사 在

동사 在는 '~에 있다'라는 뜻으로 존재를 나타내며, 뒤에 장소나 위치를 나타내는 목적어가 온다.

▶예문

Tā zài jiā.
他在家。 그는 집에 있어.

Wǒ zài xǐshǒujiān.
我在洗手间。 나는 화장실에 있어.

Nǐ zài nǎr?
A 你在哪儿? 너 어디 있니?

Wǒ zài gōngsī.
B 我在公司。 나는 회사에 있어.

(2) 개사 在

개사 在는 '~에', '~에서'라는 뜻으로 행동이 발생하는 장소를 나타낸다.

▶예문

Wǒ zài gōngsī gōngzuò.
我在公司工作。 나는 회사에서 일한다.

Wǒ zài jiàoshì shàngkè.
我在教室上课。 나는 교실에서 수업한다/수업을 듣는다.

Tā zài chāoshì mǎi dōngxi.
他在超市买东西。 그는 마트에서 물건을 산다.

Tāmen zài xuéshēng shítáng chī fàn.
他们在学生食堂吃饭。 그들은 학생 식당에서 밥을 먹는다.

2 어기조사 吧

문장 끝에 쓰이며 주로 명령, 제안, 추측, 청유 등의 의미를 나타낸다.

▶예문

Nǐ kàn shū ba!
你看书**吧**！ 공부하세요! (명령)

Tā shì Zhōngguórén ba?
他是中国人**吧**？ 그는 중국인이지? (추측)

Jīntiān lái wǒ jiā ba.
今天来我家**吧**。 내일 우리 집으로 오세요. (제안)

Wǒmen yìqǐ chī fàn ba.
我们一起吃饭**吧**。 우리 같이 밥 먹자. (청유)

확장 연습

1 너 어디 있니?

zài	在
zài nǎr	在哪儿
Nǐ zài nǎr?	你在哪儿?

2 우리 같이 밥 먹자.

chī fàn	吃饭
chī fàn ba	吃饭吧
yìqǐ chī fàn ba	一起吃饭吧
Wǒmen yìqǐ chī fàn ba.	我们一起吃饭吧。

3 나는 교실에서 수업한다.

zài	在
zài jiàoshì	在教室
zài jiàoshì shàngkè	在教室上课
Wǒ zài jiàoshì shàngkè.	我在教室上课。

듣기 연습

1 다음 녹음을 듣고 주어진 단어의 올바른 발음을 골라보세요.  Track 09-04

(1) 在　　zāi　zài

(2) 公司　　gòngsī　gōngsī

(3) 一起　yìqī　yìqǐ

(4) 超市　　chǎoshī　chāoshì

(5) 上课　shàngkè　shàngkě

(6) 洗手间　xǐshǒujiān　xíshóujiān

2 다음 녹음을 듣고 내용과 일치하는 그림을 골라보세요.  Track 09-05

A

B

C

D

(1) _____　(2) _____　(3) _____　(4) _____

말하기 연습

3 제시된 단어를 사용하여 그림의 상황에 알맞은 대화를 만들어 보세요.

(1)

A Nǐ zuò shénme?
你做什么?

B _____。 (咖啡)

A Nǐ zài nǎr hē kāfēi?
你在哪儿喝咖啡?

B _____。 (咖啡厅)

(2)

A _____? (做)

B Wǒ chī fàn.
我吃饭。

A _____? (哪儿)

B Wǒ zài shítáng chī fàn.
我在食堂吃饭。

(3)

A Nǐ zài nǎr?
你在哪儿?

B _____。 (教室)

A Nǐ zài nàr zuò shénme?
你在那儿做什么?

B _____。 (上课)

(4)

A _____? (哪儿)

B Wǒ zài jiā.
我在家。

A _____? (家，做)

B Wǒ zài jiā wánr yóuxì.
我在家玩儿游戏。

4 다음 대화에 밑줄 친 부분을 제시된 단어로 바꾸어 말해 보세요.

(1) A 你在哪儿?
    Nǐ zài nǎr?

   B 我在<u>图书馆</u>。
    Wǒ zài túshūguǎn.

   ① 咖啡厅 kāfēitīng   ② 教室 jiàoshì   ③ 地铁站 dìtiězhàn

(2) A 我们一起去<u>吃饭</u>吧。
    Wǒmen yìqǐ qù chī fàn.

   B 好啊。
    Hǎo a.

   ① 玩儿 wánr   ② 上课 shàngkè   ③ 食堂 shítáng

5 다음 제시된 표현을 활용하여 주제에 맞게 말해 보세요.

주제 아래 장소에서 주로 무엇을 하는지 묻고 대답하기

표현 A 你在图书馆做什么?
      B 我在图书馆学习。

(1) 教室   (2) 咖啡厅   (3) 电影院   (4) 网吧

단어

地铁站 dìtiězhàn 명 지하철역   网吧 wǎngbā 명 PC방

장자제

장자제(张家界, Zhāngjiājiè)는 수억 년 전 바다였던 석영 사암지대가 지각 변동으로 바다 속 땅이 솟아오르면서 조산활동과 풍화작용으로 지금의 절경이 만들어졌다. 해발 500~1,000미터의 드넓은 지대에 뾰족한 봉우리가 자그마치 3,000여 개에 달한다. 석영 사암층과 분사암이 교차된 황톳빛 봉우리들은 바닷가의 수직 절리처럼 날카롭고, 곧게 쭉 뻗은 바위 봉우리 위에 뿌리내린 푸른 소나무와 함께 절경을 이룬다.

'사람이 태어나 장자제에 가 보지 않았다면 100세가 되어도 어찌 늙었다고 할 수 있겠는가 (人生不到张家界, 百岁岂能称老翁, Rénshēng búdào Zhāngjiājiè, bǎisuì qǐnéng chēng lǎowēng)'라는 성어가 있는데, 이 말은 장자제가 얼마나 아름다운지 단적으로 보여주는 말이다. 무협 소설 속 무릉도원을 연상케 하는 장자제는 관광객들에게 인기 있는 관광 명소 중 하나인데, 영화 〈아바타〉의 배경으로 알려지면서 더욱 유명해졌다.

장자제

10

咖啡多少钱?
커피는 얼마예요?

학습 목표
가격을 묻고 대답할 수 있다.

학습 내용
① 의문대사 多少
② 중국의 화폐 단위

단어

 Track 10-01

실전 대화

- 多少 duōshao 대 얼마, 몇
- 钱 qián 명 돈
- 大 dà 형 크다
- 杯 bēi 양 잔, 컵
- 还是 háishi 접 또는, 아니면 [의문문에 쓰여 선택을 나타냄]
- 小 xiǎo 형 작다
- 块 kuài 양 위안 [중국 화폐 단위]
- 一共 yígòng 부 모두, 합계, 전부

어법 포인트

- 号码 hàomǎ 명 번호, 사이즈
- 元 yuán 양 원 [중국에서의 화폐 단위]
- 角 jiǎo 양 '一元'의 10분의 1
- 分 fēn 양 '一元'의 100분의 1
- 毛 máo 양 '一元'의 10분의 1
- 零 líng 수 0, 영
- 蛋糕 dàngāo 명 케이크
- 汉堡 hànbǎo 명 햄버거

실전 대화

Track 10-02

대화 김동원이 카페에서 음료를 주문한다.

金东沅 (Jīn Dōngyuán)
Kāfēi duōshao qián?
咖啡多少钱？

职员 (zhíyuán)
Nín yào dà bēi de háshi xiǎo bēi de?
您要大杯的还是小杯的？

金东沅 (Jīn Dōngyuán)
Xiǎo bēi de.
小杯的。

职员 (zhíyuán)
Xiǎo bēi de kāfēi sānshí kuài.
小杯的咖啡三十块。

金东沅 (Jīn Dōngyuán)
Wǒ yào liǎng bēi kāfēi, yígòng duōshao qián?
我要两杯咖啡，一共多少钱？

职员 (zhíyuán)
Liùshí kuài.
六十块。

어법 포인트

1 의문대사 多少

가격을 묻거나 번호 혹은 수량을 물어볼 때 의문대사 多少를 사용한다. 일반적으로 10 이상의 수량을 물어볼 때 쓰인다.

▶ 예문

Nǐ yào duōshao?
你要多少? 너는 얼마를 원하니?

Kāfēi duōshao qián?
咖啡多少钱? 커피는 얼마예요?

Kělè duōshao qián?
可乐多少钱? 콜라는 얼마예요?

Nǐ de shǒujī hàomǎ shì duōshao?
你的手机号码是多少? 핸드폰 번호가 어떻게 되세요?

2 중국의 화폐 단위

중국의 화폐 단위는 문어체와 구어체에 따라 다르게 표현한다. '숫자 2'가 화폐 단위 앞에 쓰이면 两으로 읽는다.

문어체	元 yuán	角 jiǎo	分 fēn
구어체	块 kuài	毛 máo	分 fēn

▶ 예문

0.20元　liǎng máo
　　　　两毛

2.00元　liǎng kuài
　　　　两块

45.35元　sìshíwǔ kuài sān máo wǔ fēn
　　　　　四十五块三毛五分

545.35元　wǔbǎi sìshíwǔ kuài sān máo wǔ fēn
　　　　　　五百四十五块三毛五分

(1) 화폐 단위 끝에 钱을 붙여 쓰기도 한다.

▶ 예문

30元　sānshí kuài qián
　　　三十块钱

25元　èrshíwǔ kuài qián
　　　二十五块钱

(2) 마지막 화폐 단위는 생략할 수 있다.

▶예문

	bā kuài liù máo wǔ		èrshíqī kuài bā
8.65元	八块六毛五 ◀ 分 생략	27.8元	二十七块八 ◀ 毛 생략

(3) 금액 중간에 있는 '숫자 0(零)'은 반드시 읽는다.

▶예문

	shí kuài líng wǔ		sìbǎi líng jiǔ kuài
10.05元	十块零五	409元	四百零九块

3 선택의문문 还是

둘 중 하나를 선택하도록 구성된 의문문으로 주로 [A+还是+B]의 구조로 쓰인다.

▶예문

Nǐ qù háishi tā qù?
你去还是他去? 네가 가니 아니면 그가 가니?

Nǐ chī dàngāo háishi hànbǎo?
你吃蛋糕还是汉堡? 케이크를 먹니 아니면 햄버거를 먹니?

Nǐ xǐhuan kāfēi háishi kělè?
你喜欢咖啡还是可乐? 커피를 좋아하니 아니면 콜라를 좋아하니?

Nín yào dà bēi de háishi xiǎo bēi de?
您要大杯的还是小杯的? 큰 사이즈를 원하세요 아니면 작은 사이즈를 원하세요?

확장 연습

1 커피는 얼마예요?

duōshao	多少
duōshao qián	多少钱
Kāfēi duōshao qián?	咖啡多少钱?

2 커피 두 잔 주세요.

kāfēi	咖啡
liǎng bēi kāfēi	两杯咖啡
yào liǎng bēi kāfēi	要两杯咖啡
Wǒ yào liǎng bēi kāfēi.	我要两杯咖啡。

3 큰 사이즈를 원하세요 아니면 작은 사이즈를 원하세요?

háishi	还是
dà bēi de háishi xiǎo bēi de	大杯的还是小杯的
yào dà bēi de háishi xiǎo bēi de	要大杯的还是小杯的
Nín yào dà bēi de háishi xiǎo bēi de?	您要大杯的还是小杯的?

듣기 연습

1 다음 녹음을 듣고 주어진 단어의 올바른 발음을 골라보세요.  Track 10-04

(1) 两　　liǎng　liáng　　　　(2) 块　　kuài　kuāi

(3) 大　　dà　dá　　　　　　(4) 小　　xiáo　xiǎo

(5) 多少　duōshào　duōshao　　(6) 一共　yígòng　yìgòng

2 녹음을 듣고 내용과 일치하는 그림을 골라보세요. Track 10-05

A

B

C

D

(1) _____　(2) _____　(3) _____　(4) _____

말하기 연습

3 제시된 단어를 사용하여 그림의 상황에 알맞은 대화를 만들어 보세요.

(1)

A Nǐ yào shénme?
　你要什么?

B ＿＿＿＿＿＿，＿＿＿＿?　(两杯, 果汁, 多少)

A Yígòng wǔshí kuài.
　一共五十块。

(2)

A Nǐ yào shénme?
　你要什么?

B ＿＿＿＿＿＿，＿＿＿＿?　(三个, 汉堡, 多少)

A Yígòng yìbǎi líng wǔ kuài.
　一共一百零五块。

(3)

A Nǐ chī hànbǎo háishi dàngāo?
　你吃汉堡还是蛋糕?

B ＿＿＿＿＿＿＿＿。　(蛋糕)

A ＿＿＿＿＿＿＿＿?　(可乐, 咖啡)

B Wǒ hē kāfēi.
　我喝咖啡。

(4)

A Nǐ yào mǎi shénme?
　你要买什么?

B ＿＿＿＿＿＿＿＿。　(蛋糕)

A Nǐ yào qù nǎr mǎi?
　你要去哪儿买?

B ＿＿＿＿＿＿＿＿。　(面包店)

단어

果汁 guǒzhī 명 과일주스　面包店 miànbāodiàn 명 빵집, 제과점

4 다음 대화에 밑줄 친 부분을 제시된 단어로 바꾸어 말해 보세요.

(1) A Kāfēi duōshao qián?
　　 <u>咖啡</u>多少钱?

　　 B Sānshí kuài.
　　 <u>三十块</u>。

① 可乐 kělè　　　② 汉堡 hànbǎo　　　③ 蛋糕 dàngāo
　十块 shí kuài　　三十五块 sānshíwǔ kuài　　二十块 èrshí kuài

(2) A Wǒ yào liǎng bēi kāfēi, yígòng duōshao qián?
　　 我要<u>两杯咖啡</u>, 一共多少钱?

　　 B Liùshí kuài.
　　 <u>六十块</u>。

① 三杯 sānbēi, 可乐 kělè　　② 四个 sì ge, 蛋糕 dàngāo　　③ 两个 liǎng ge, 汉堡 hànbǎo
　十五块 shíwǔ kuài　　　　　八十块 bāshí kuài　　　　　　二十块 èrshí kuài

5 다음 제시된 표현을 활용하여 주제에 맞게 말해 보세요.

주제　메뉴판을 참고하여 음료 주문하기

표현　A 你要什么?
　　　B 我要两杯咖啡。多少钱?
　　　A 三十块钱。

水	5元	咖啡	25元
汉堡	35元	蛋糕	30元
可乐	10元	奶茶	28元

중국 문화

왕푸징 야시장

왕푸징(王府井, Wángfǔjǐng)은 '왕푸(왕족의 저택)의 우물'에서 유래되어 붙여진 이름이다. 지금의 왕푸징은 베이징에서 가장 번화한 거리로 한국의 명동이나 강남과 비슷한 분위기의 쇼핑 중심지이다. 주변에는 대형 백화점, 서점, 공예점 등과 맛집이 즐비한 먹자골목이 형성되어 있고 그 사이에는 취안쥐더(全聚德, Quánjùdé)와 같이 긴 역사를 자랑하는 전통 음식점들도 있어 베이징을 찾는 관광객에게 필수 코스로 각광받고 있다.

특히 '왕푸징'이라고 하면 길거리 음식과 야시장을 빼놓을 수 없다. 남북으로 길게 늘어진 거리를 따라 가다 보면 노천에 수많은 포장마차가 장사진을 치는데, 꼬치나 양고기를 주재료로 한 마라탕(麻辣烫, málàtàng)등 다양한 먹거리를 즐길 수 있어 현지인 뿐만 아니라 베이징을 찾는 관광객들에게 큰 인기를 끌고 있다.

베이징 왕푸징 야시장

11

你会做中国菜吗?
너 중국 음식을 만들 줄 아니?

학습 목표
능력을 묻고 대답할 수 있다.

학습 내용
① 조동사 会
② 给의 용법

단어

 Track 11-01

실전 대화

- 会 huì 조동 할 수 있다, 할 줄 안다
- 做 zuò 동 만들다, 제조하다
- 菜 cài 명 요리
- 周末 zhōumò 명 주말
- 给 gěi 동 주다 개 ~에게
- 怎么 zěnme 대 어떻게, 어째서, 왜
- 骑 qí 동 타다
- 自行车 zìxíngchē 명 자전거
- 近 jìn 형 가깝다

어법 포인트

- 说 shuō 동 말하다
- 汉语 Hànyǔ 명 중국어
- 炒饭 chǎofàn 명 볶음밥
- 学 xué 동 배우다, 학습하다
- 英语 Yīngyǔ 명 영어
- 上学 shàngxué 동 학교에 가다
- 请 qǐng 동 (존칭)상대에게 어떤 일을 부탁할 때 쓰는 경어
- 礼物 lǐwù 명 선물
- 意大利面 yìdàlì miàn 명 파스타

실전 대화

 Track 11-02

대화 김동원이 왕징에게 음식을 만들 줄 아는지 묻는다.

金东沅 (Jīn Dōngyuán)
Nǐ huì zuò Zhōngguó cài ma?
你会做中国菜吗?

王京 (Wáng Jīng)
Huì zuò. Zhōumò lái wǒ jiā, wǒ gěi nǐ zuò Zhōngguó cài ba.
会做。周末来我家,我给你做中国菜吧。

金东沅 (Jīn Dōngyuán)
Hǎo a. Zěnme qù nǐ jiā?
好啊。怎么去你家?

王京 (Wáng Jīng)
Qí zìxíngchē lái ba. Wǒ jiā hěn jìn.
骑自行车来吧。我家很近。

어법 포인트

1 조동사 会

조동사 会는 학습을 통한 능력이나 가능을 나타내며 '할 수 있다', '할 줄 안다'라고 해석한다. 부정은 不会로 표현한다.

▶예문

A Nǐ huì shuō Hànyǔ ma?
你会说汉语吗? 너 중국어 할 줄 알아?

B Wǒ huì shuō Hànyǔ.
我会说汉语。 나는 중국어 할 줄 알아.

Wǒ bú huì zuò chǎofàn.
我不会做炒饭。 나는 볶음밥 만들 줄 몰라.

Wǒ bú huì qí zìxíngchē.
我不会骑自行车。 나는 자전거 탈 줄 몰라.

2 의문대사 怎么

의문대사 怎么는 동작의 방식, 방법, 원인 등을 나타낼 때 사용한다. 주로 [怎么+동사]의 구조로 쓰이며 '왜', '어째서', '어떻게'라고 해석한다.

▶예문

Nǐ zěnme xué Yīngyǔ?
你怎么学英语? 너는 영어를 어떻게 배우니?

Tā zěnme qù Zhōngguó?
他怎么去中国? 그는 중국에 어떻게 가니?

Nǐ zěnme qù shàngxué?
你怎么去上学? 너는 학교에 어떻게 가니?

Māma zěnme zuò chǎofàn?
妈妈怎么做炒饭? 엄마는 볶음밥을 어떻게 만들어?

3 给의 용법

给는 동사로 쓰일 때는 '주다'라고 해석하고 개사로 쓰일 때는 '～에게(～을 해 주다)'라고 해석한다.

▶ 예문

[동사 给]

Qǐng gěi wǒ.
请给我。 저에게 주세요.

Wǒ gěi tā shū.
我给他书。 나는 그에게 책을 주었다.

[개사 给]

Wǒ gěi tā mǎi lǐwù.
我给他买礼物。 나는 그에게 선물을 사 주었다.

Tā gěi wǒ zuò yìdàlì miàn.
他给我做意大利面。 그가 나에게 파스타를 해 주었다.

확장 연습

1 너 중국 음식을 만들 줄 아니?

huì	会
huì zuò	会做
huì zuò Zhōngguó cài	会做中国菜
Nǐ huì zuò Zhōngguó cài ma?	你会做中国菜吗?

2 너희 집에 어떻게 가니?

zěnme	怎么
zěnme qù	怎么去
zěnme qù nǐ jiā	怎么去你家
Wǒ zěnme qù nǐ jiā?	我怎么去你家?

3 내가 중국 음식 만들어 줄게.

Zhōngguó cài	中国菜
zuò Zhōngguó cài ba	做中国菜吧
gěi nǐ zuò Zhōngguó cài ba	给你做中国菜吧
Wǒ gěi nǐ zuò Zhōngguó cài ba.	我给你做中国菜吧。

듣기 연습

1 다음 녹음을 듣고 주어진 단어의 올바른 발음을 골라보세요.  Track 11-04

(1) 会　　huì　huí
(2) 菜　　cài　cāi
(3) 怎么　zěnme　zénme
(4) 炒饭　cháofān　chǎofàn
(5) 礼物　líwù　lǐwù
(6) 自行车　zīxǐngchē　zìxíngchē

2 녹음을 듣고 내용과 일치하는 그림을 골라보세요.  Track 11-05

A

B

C

D

(1) _____　(2) _____　(3) _____　(4) _____

말하기 연습

3 제시된 단어를 사용하여 그림의 상황에 알맞은 대화를 만들어 보세요.

(1)

A Tā jǐ diǎn lái xuéxiào?
　她几点来学校?

B _____。 (十点)

A Tā zěnme lái?
　她怎么来?

B _____。 (公交车)

(2)

A _____? (几点)

B Tā liǎng diǎn lái.
　他两点来。

A _____? (怎么)

B Tā zuò dìtiě lái.
　他坐地铁来。

(3)

A Nǐ huì zuò shénme cài?
　你会做什么菜?

B _____。 (意大利面)

A _____。 (教)

B Hǎo de.
　好的。

(4)

A Nǐ huì shuō shénme yǔyán?
　你会说什么语言?

B _____。 (汉语)

A Nǐ jiāo wǒ ba.
　你教我吧。

B _____。 (好)

💡 **단어**

公交车 gōngjiāochē 명 버스　**坐** zuò 동 타다　**地铁** dìtiě 명 지하철　**教** jiāo 동 가르치다

4 다음 대화에 밑줄 친 부분을 제시된 단어로 바꾸어 말해 보세요.

(1) A Nǐ huì zuò Zhōngguó cài ma?
　　　 你会<u>做中国菜</u>吗?

　　 B Huì zuò.
　　　 <u>会做</u>。

① 做炒饭 zuò chǎofàn　　② 说汉语 shuō Hànyǔ　　③ 骑自行车 qí zìxíngchē

(2) A Tā zěnme qù nǐ jiā?
　　　 他怎么去<u>你家</u>?

　　 B Qí zìxíngchē qù.
　　　 <u>骑自行车</u>去。

① 学校 xuéxiào　　② 电影院 diànyǐngyuàn　　③ 中国 Zhōngguó
　坐地铁 zuò dìtiě　　　坐公交车 zuò gōngjiāochē　　坐飞机 zuò fēijī

5 다음 제시된 표현을 활용하여 주제에 맞게 말해 보세요.

주제　아래 목적지까지 가는 방법을 묻고 대답하기

표현　A 你怎么去电影院?
　　　　B 我坐公交车去。

참고　走路　自行车　摩托车　公交车　地铁　出租车

(1) 学校　(2) 奥林匹克公园　(3) 乐天世界　(4) 仁川机场

단어
飞机 fēijī 명 비행기　走路 zǒulù 동 걷다　摩托车 mótuōchē 명 오토바이　出租车 chūzūchē 명 택시　奥林匹克公园 Àolínpǐkè gōngyuán 명 올림픽 공원　乐天世界 Lètiān shìjiè 명 롯데월드　仁川机场 Rénchuān jīchǎng 명 인천공항

중국 문화

천단공원

천단공원(天坛公园, Tiāntángōngyuán)은 1402년 완공된 중국 최대의 제단으로, 황제가 하늘에 풍년과 나라의 안녕을 위한 제사를 지내기 위해 건설되었다. 예로부터 하늘의 아들인 황제가 하늘의 명을 받아 나라를 다스린다고 믿고 황제가 하늘에 제를 올리는 제단을 설치했다. 하늘과 땅에 제사를 지내는 일은 오로지 황제만의 특권이자 의무였다.

자금성을 중심으로 남쪽에는 하늘에 제사를 지내는 '천단(天坛, Tiāntán)', 북쪽에는 땅에 제사를 지내는 '지단(地坛, Dìtán)', 동쪽에는 해에 제사를 지내는 '일단(日坛, Rìtán)', 서쪽에는 달에 제사를 지내는 '월단(月坛, Yuètán)'을 설치했는데, 그중 천단이 최대 크기의 제단이다.

예로부터 제사 중 으뜸은 하늘에 올리는 제천 의식으로, 이를 매우 신성하게 여겼기 때문에 천단은 설계부터 고대 중국의 우주관이 반영되었다. '하늘은 둥글고 땅은 네모나다'라는 사상의 영향을 받아 주요 건축물은 원형으로 건축되었다. 천단을 둘러 싼 담장에도 그 뜻이 담겨 있어 하늘을 의미하는 북쪽은 원형, 땅을 의미하는 남쪽은 사각형 모양이다. 원형 건축물과 공원에 줄지어 늘어선 측백 나무들도 중후한 기품을 더한다. 천단은 1998년 세계문화유산으로 등재되었다.

천단공원

12

我想去中国旅游。
나는 중국 여행을 가고 싶어.

학습 목표

계획을 묻고 대답할 수 있다.

학습 내용

① 想의 용법
② 동태조사 过

단어

Track 12-01

실전 대화

- ☐ 假期 jiàqī 명 휴가 기간, 휴일
- ☐ 打算 dǎsuàn 명 동 (계획)하다
- ☐ 想 xiǎng 조동 ~하고 싶다
  동 생각하다, 보고싶다
- ☐ 旅游 lǚyóu 명 동 여행(하다)
- ☐ 打工 dǎgōng 동 일하다, 아르바이트하다
- ☐ 过 guo 조 동사 뒤에 놓여 과거의 경험을 나타냄
- ☐ 次 cì 양 차례, 번, 횟수

어법 포인트

- ☐ 休息 xiūxi 동 휴식하다
- ☐ 北京烤鸭 Běijīng kǎoyā 명 베이징 오리구이 [베이징의 전통 요리]

실전 대화

대화 왕징과 김동원이 휴가 계획에 대해 이야기한다.

王京
Jiàqī nǐ dǎsuàn zuò shénme?
假期你打算做什么?

金东沅
Wǒ xiǎng qù Zhōngguó lǚyóu. Nǐ ne?
我想去中国旅游。你呢?

王京
Wǒ xiǎng dǎgōng. Nǐ qùguo Zhōngguó ma?
我想打工。你去过中国吗?

金东沅
Qùguo. Wǒ qùguo yí cì Zhōngguó.
去过。我去过一次中国。

어법 포인트

1 想의 용법

想은 동사와 조동사로 쓰인다. 동사로 쓰일 때는 '생각하다', '보고싶다', '생각난다' 등의 뜻으로 쓰이고, 조동사로 쓰일 때는 동사 앞에 붙여 '~하고 싶다'는 뜻으로 쓰인다.

▶예문

[동사 想]
Nǐ xiǎng jiā ma?
A 你想家吗? 너는 집이 그립니?

Wǒ bù xiǎng jiā.
B 我不想家。 나는 집이 그립지 않아.

[조동사 想]
Wǒ xiǎng xiūxi.
我想休息。 나는 쉬고 싶어.

Wǒ bù xiǎng qù xuéxiào.
我不想去学校。 나는 학교에 가기 싫어.

2 동태조사 过

동태조사 过는 동사 뒤에 쓰여 '동작이나 행위의 경험'을 나타낼 때 사용하며, '~한 적이 있다'라고 해석한다. 부정할 때는 동사 앞에 부정부사 没를 붙인다.

▶예문

Wǒ xuéguo Hànyǔ.
我学过汉语。 나는 중국어를 배운 적 있어.

Wǒ chīguo Zhōngguo cài.
我吃过中国菜。 나는 중국 음식을 먹어 봤어.

Nǐ jiànguo lǎoshī ma?
你见过老师吗? 너는 선생님을 본 적 있니?

Tā méi láiguo wǒ jiā.
他没来过我家。 그는 우리 집에 와 본 적 없어.

3 양사 次

次는 동사 뒤에 붙여 동작의 횟수를 셀 때 쓰는 양사이다.

▶예문

> Wǒ kànguo yí cì.
> 我看过一次。 나는 한 번 봤어.
>
> Wǒ qùguo yí cì Zhōngguó.
> 我去过一次中国。 나는 중국에 한 번 가 봤어.
>
> Tā jiànguo liǎng cì Wáng Jīng.
> 他见过两次王京。 그는 왕징을 두 번 만났어.
>
> Wǒ chīguo sān cì Běijīng kǎoyā.
> 我吃过三次北京烤鸭。 나는 베이징 오리구이를 세 번 먹어 봤어.

확장 연습

1 나는 중국 여행을 가고 싶어.  Track 12-03

xiǎng	想
xiǎng qù	想去
xiǎng qù Zhōngguó	想去中国
xiǎng qù Zhōngguó lǚyóu	想去中国旅游
Wǒ xiǎng qù Zhōngguó lǚyóu.	我想去中国旅游。

2 휴가 때 너는 뭐 할 계획이니?

dǎsuàn	打算
dǎsuàn zuò	打算做
dǎsuàn zuò shénme	打算做什么
Jiàqī nǐ dǎsuàn zuò shénme?	假期你打算做什么？

3 나는 중국에 한 번 가 봤어.

qùguo	去过
qùguo Zhōngguó	去过中国
qùguo yí cì Zhōngguó	去过一次中国
Wǒ qùguo yí cì Zhōngguó.	我去过一次中国。

듣기 연습

1 다음 녹음을 듣고 주어진 단어의 올바른 발음을 골라보세요.

(1) 想　xiǎng　xiáng　　　　(2) 次　cì　cī

(3) 假期　jiàqí　jiàqī　　　　(4) 打算　dǎsuān　dǎsuàn

(5) 旅游　lǔyóu　lúyǒu　　　　(6) 打工　dǎgóng　dǎgōng

2 다음 녹음을 듣고 내용과 일치하는 그림을 골라보세요.

A 　　　B

C 　　　D

(1) _____　(2) _____　(3) _____　(4) _____

말하기 연습

3 제시된 단어를 사용하여 그림의 상황에 알맞은 대화를 만들어 보세요.

(1)

A _____? (烤鸭)

B 我没吃过。
Wǒ méi chīguo.

A 你想吃吗?
Nǐ xiǎng chī ma?

B _____。 (想)

(2)

A _____? (汉语)

B 我没学过汉语。
Wǒ méi xuéguo Hànyǔ.

A 你想学吗?
Nǐ xiǎng xué ma?

B _____。 (想)

(3)

A 你去过几次釜山?
Nǐ qùguo jǐ cì Fǔshān?

B _____。 (两次)

A 你还想去吗?
Nǐ hái xiǎng qù ma?

B _____。 (想)

(4)

A _____? (济州岛)

B 我去过一次。
Wǒ qùguo yí cì.

A _____? (还)

B 我还想去。
Wǒ hái xiǎng qù.

💡 **단어**

烤鸭 kǎoyā 몡 오리구이   釜山 Fǔshān 몡 부산   济州岛 Jìzhōudǎo 몡 제주도   还 hái 녠 더, 또

4 다음 대화에 밑줄 친 부분을 제시된 단어로 바꾸어 말해 보세요.

(1) A　Nǐ dǎsuàn zuò shénme?
　　　你打算做什么?

　　B　Wǒ dǎsuàn qù lǚyóu.
　　　我打算<u>去旅游</u>。

　　　① 休息 xiūxi　　② 打工 dǎgōng　　③ 见朋友 jiàn péngyou

(2) A　Nǐ qùguo Zhōngguó ma?
　　　你<u>去</u>过<u>中国</u>吗?

　　B　Wǒ méi qùguo.
　　　我<u>没去</u>过。

　　　① 学 xué, 汉语 Hànyǔ　　　② 吃 chī, 北京烤鸭 Běijīng kǎoyā
　　　　学 xué　　　　　　　　　　没吃 méi chī

　　　③ 去 qù, 长城 Chángchéng
　　　　去 qù

5 다음 제시된 표현을 활용하여 주제에 맞게 말해 보세요.

| 주제 | 방학 계획을 묻고 대답하기 |
| 표현 | A 假期打算做什么?
B 我想学汉语。 |

단어

长城 Chángchéng 몡 만리장성

12 나는 중국 여행을 가고 싶어. **151**

중국 문화

중국의 차 문화

중국의 차 문화는 오랜 역사와 전통을 지니고 있으며 차는 중국인들에게 없어서는 안 될 기호 음료이다. 우리가 잘 알고 있는 녹차, 보이차, 재스민차, 우롱차 외에도 독특한 맛과 향을 가진 다양한 명차가 있으며 그 종류는 이루 다 헤아리기 어려울 정도이다.

중국 차 문화의 시작은 BC 2,700년 경으로 거슬러 올라간다. 중국 농업과 의학의 창시자로 알려진 신농(神农, Shénnóng)이 우연히 식물의 잎을 발견해 마셨는데, 맛이 좋을 뿐만 아니라 다양한 효능이 있다는 것으로 알고 차로 우려 마시기 시작했다고 한다. 한(汉, Hàn)나라 때에 이르러 본격적으로 차나무를 재배하고 차를 상품화하여 거래하기 시작했고, 불교와 함께 주변국으로 전파되었다.

차는 해독 작용 뿐만 아니라 소화 작용과 지방 분해에도 효과가 있다고 알려지며 건강과 다이어트에 관심이 있는 사람들에게도 기호 식품으로 자리 잡게 되었다. 중국 각지에서는 전통 찻집인 '차관(茶馆, cháguǎn)'이 운영되고 있다. 이곳에서는 차를 마시고 과자를 먹으며 예술 공연을 관람한다고 한다. 베이징의 유명 차관으로는 '라오서차관(老舍茶馆, Lǎoshě cháguǎn)'이 있다.

중국의 차 문화

부록

1 해석 및 정답

2 단어 색인

해석 및 정답

중국어 발음

성조 연습

2 (1) à (2) ā (3) wú (4) wǔ
  (5) é (6) è (7) yū (8) yǔ
  (9) ō (10) ò (11) yǐ (12) yí

3 (1) à (2) ě (3) ō (4) wú
  (5) yú (6) wǔ (7) ò (8) yī

4 (1) é (2) ǒ (3) ā (4) yù

성모 연습

2 (1) gē (2) gè (3) ká (4) kǎ
  (5) cǐ (6) cī (7) shè (8) shé
  (9) xù (10) xū (11) rǔ (12) rú

3 (1) fō (2) hé (3) mǐ (4) rù
  (5) jū (6) zá (7) chì (8) nǜ

4 (1) dé (2) nǎ (3) chū (4) zì

운모 연습 1

2 (1) hāi (2) hǎi (3) lèi (4) léi
  (5) pǎo (6) pào (7) tóu (8) tōu
  (9) màn (10) mán (11) hóng (12) hǒng

3 (1) bān (2) gòu (3) dǎi (4) róu
  (5) shěn (6) zāng (7) tòng (8) néng

4 (1) bāng (2) róng (3) gěi (4) hòu

운모 연습 2

2 (1) jiā (2) jiǎ (3) bié (4) biè
  (5) miáo (6) miǎo (7) xiū (8) xiù
  (9) niàng (10) niāng (11) xióng (12) xiǒng

3 (1) xié (2) niǎo (3) piān (4) jiǎn
  (5) bīng (6) xiáng (7) yǎo (8) yà

4 (1) yáng (2) xiū (3) jiē (4) liàn

운모 연습 3

2 (1) wāi (2) wài (3) wěi (4) wèi
  (5) wáng (6) wàng (7) duō (8) duó
  (9) kùn (10) kūn (11) chuáng (12) chuǎng

3 (1) kuò (2) duō (3) guǎng (4) huí
  (5) wài (6) qún (7) yuǎn (8) nüè

4 (1) huān (2) zhuǎ (3) tuì (4) yún

성조 결합 연습

2 (1) shíyī (2) bú kàn (3) yìqǐ (4) yíxià
  (5) bù xǐ (6) lǚyóu (7) shíjiān (8) túshū
  (9) xiǎogǒu (10) yīngyǔ (11) māma (12) piàoliang

3 (1) yìbān (2) bùnán (3) kāishǐ (4) huánjìng
  (5) tiàowǔ (6) lǎorén (7) yínháng (8) gāngcái

4 (1) Hánguó (2) kělè (3) sùshè (4) péngyou

01 你好。 안녕.

실전 대화

(1) 왕징: 안녕!
  김동원: 안녕!
(2) 학생들: 선생님, 안녕하세요!
  선생님: 너희들, 안녕!
(3) 왕징: 고마워!
  김동원: 천만에!
(4) 왕징: 잘 가!
  김동원: 잘 가!

듣기 연습

1 (1) nǐ (2) zài (3) wǒmen
  (4) dàjiā (5) kèqi (6) zǎoshang

2 (1) D (2) B (3) C (4) A

(1) 再见！
(2) 你好！
(3) 老师好。
(4) 谢谢。

말하기 연습

3 (1) 老师好! (2) 再见。 (3) 你们好! (4) 谢谢。

4 (1) 再见! (2) 大家好! (3) 早上好! (4) 不客气。

02 你叫什么名字? 너는 이름이 뭐니?

실전 대화

김동원: 너는 이름이 뭐니?
왕징: 나는 왕징이라고 해.
김동원: 저 사람은?
왕징: 저 사람은 장씨고, 장민이라고 해.

듣기 연습

1 (1) jiào (2) xìng (3) shénme
(4) míngzi (5) Wáng Jīng (6) Dōngyuán

2 (1) A (2) B (3) C (4) D

(1) 你叫什么名字?
(2) 他叫张民。
(3) 她姓刘。
(4) 我叫金东沅。

말하기 연습

3 (1) 我叫刘婷婷。 (2) 你叫什么名字?
(3) 他姓什么? (4) 你呢?

03 他是中国人。 그는 중국인이야.

실전 대화

김동원: 그는 누구니?
왕징: 그는 장민이야.
김동원: 그는 한국인이니?
왕징: 아니, 그는 중국인이야.
김동원: 그는 학생이니?
왕징: 맞아.

듣기 연습

1 (1) shì (2) shéi (3) bù
(4) Hánguórén (5) xuésheng (6) lǎoshī

2 (1) D (2) C (3) A (4) B

(1) 我是学生。
(2) 她是日本人。
(3) 她是老师。
(4) 他们是中国人。

말하기 연습

3 (1) 他叫金南俊。 / 他是韩国人。
(2) 他是张民。 / 他是日本人吗?
(3) 你叫什么名字? / 你是学生吗?
(4) 我是中国人。 / 您是老师吗?

04 你去哪儿? 너 어디 가니?

실전 대화

김동원: 너 어디 가니?
왕징: 나는 카페에 가.
김동원: 너는 어느 카페로 가니?
왕징: EDA카페. 너 갈래?
김동원: 나 갈래.

듣기 연습

1 (1) qù (2) nǎ (3) jiā
(4) lái (5) kāfēitīng (6) diànyǐngyuàn

2 (1) D (2) B (3) A (4) C

(1) 我去食堂。
(2) 我们去电影院。
(3) 我们去咖啡厅。
(4) 我去图书馆。

말하기 연습

3 (1) 她是中国人。 / 她叫王京。

해석 및 정답

(2) 她去不去咖啡厅？ / 她去图书馆。
(3) 他们去哪儿？ / 他们去CQV电影院。
(4) 王京是中国人。 / 金东沅是哪国人？

05 你喜欢做什么? 너는 뭐 하는 걸 좋아하니?

실전 대화

김동원: 우리 영화 보러 가는데, 너 갈래?
왕장: 아니, 나 바빠.
　　　게다가 나는 영화 보는 거 안 좋아해.
김동원: 너는 뭐 하는 걸 좋아하니?
왕장: 나는 게임하는 걸 좋아해.

듣기 연습

1 (1) hěn　(2) zuò　(3) wán
　(4) máng　(5) yóuxì　(6) xǐhuan

2 (1) C　(2) D　(3) A　(4) B

(1) 她喜欢化妆。
(2) 我喜欢玩儿游戏。
(3) 我看电影。
(4) 我很忙。

말하기 연습

3 (1) 他很忙。 / 他工作。
　(2) 她不忙。 / 她做什么？
　(3) 我去图书馆。 / 我去图书馆看书。
　(4) 你去哪儿？ / 我去商场买东西。

06 祝你生日快乐! 생일 축하해!

실전 대화

김동원: 네 생일은 몇 월 며칠이니?
왕장: 5월 10일이야.
김동원: 내일은 네 생일이네. 생일 축하해!
왕장: 고마워.

듣기 연습

1 (1) jǐ　(2) hào　(3) zhù
　(4) xīngqī　(5) shēngrì　(6) míngtiān

2 (1) A　(2) B　(3) D　(4) C

(1) 我的生日是五月二十三号。
(2) 星期五看电影。
(3) 祝你生日快乐。
(4) 爸爸的生日是七月九号。

말하기 연습

3 (1) 今天(是)九月二十五号。 / 今天(是)星期二。
　(2) 明天(是)几月几号？ / 明天(是)星期几？
　(3) 我爸爸的生日是七月十一号。
　　 / 我妈妈的生日是十二月十八号。
　(4) 祝你生日快乐! / 你的生日是几月几号？

07 我要看电影。 나는 영화를 볼 거야.

실전 대화

왕장: 나 영화 볼 건데, 너 갈래?
김동원: 좋아, 나 갈래. 우리 몇 시에 볼까?
왕장: 10시, 어때?
김동원: 그래.

듣기 연습

1 (1) diǎn　(2) jiàn　(3) kāfēi
　(4) zěnmeyàng　(5) xiànzài　(6) shēntǐ

2 (1) A　(2) D　(3) C　(4) B

(1) 他要去图书馆。
(2) 现在五点二十五分。
(3) 现在两点半。
(4) 她要去学校。

말하기 연습

3 (1) 我要去咖啡厅。 / 我和朋友去。

(2) 我要看电影。 / 我和男朋友去。
(3) 你要去哪儿? / 你和谁去?
(4) 你要做什么? / 你要去哪儿吃饭?

08 我家有三只小狗。 우리 집에 강아지 세 마리가 있어.

실전 대화

> 김동원: 강아지 진짜 귀엽다!
> 왕징: 너희 집에 강아지 있어?
> 김동원: 있어. 우리 집에 강아지 세 마리 있어. 너는?
> 왕징: 나는 없어. 나는 강아지 안 좋아해.

듣기 연습

1 (1) zhēn (2) zhī (3) xiǎogǒu
   (4) kě'ài (5) méiyǒu (6) hǎochī

2 (1) C (2) B (3) D (4) A

> (1) 他喜欢小狗。
> (2) 她有两只猫。
> (3) 她不喜欢小狗。
> (4) 我有三只狗。

말하기 연습

3 (1) 我不喜欢小猫。 / 我喜欢小狗。
   (2) 我不喜欢茶。 / 我喜欢咖啡。
   (3) 我不喜欢看电影。 / 我喜欢玩儿游戏。
   (4) 我不喜欢唱歌。 / 我喜欢听歌。

09 你在哪儿? 너 어디 있니?

실전 대화

> 김동원: 왕징, 너 어디 있니?
> 왕징: 나 도서관에 있어.
> 김동원: 우리 같이 밥 먹으러 가자.
> 왕징: 좋아.

듣기 연습

1 (1) zài (2) gōngsī (3) yìqǐ
   (4) chāoshì (5) shàngkè (6) xǐshǒujiān

2 (1) C (2) B (3) A (4) D

> (1) 他们在学生食堂吃饭。
> (2) 她要去学校。
> (3) 我在家看书。
> (4) 他在超市买东西。

말하기 연습

3 (1) 我喝咖啡。 / 我在咖啡厅喝咖啡。
   (2) 你做什么? / 你哪儿吃饭?
   (3) 我在教室。 / 我在那儿上课。
   (4) 你在哪儿? / 你在家做什么?

10 咖啡多少钱? 커피는 얼마예요?

실전 대화

> 김동원: 커피는 얼마예요?
> 점원: 큰 사이즈를 원하세요 아니면 작은 사이즈를 원하세요?
> 김동원: 작은 사이즈요.
> 점원: 작은 사이즈는 30위안입니다.
> 김동원: 두 잔 주세요, 모두 얼마예요?
> 점원: 60위안입니다.

듣기 연습

1 (1) liǎng (2) kuài (3) dà
   (4) xiǎo (5) duōshao (6) yígòng

2 (1) D (2) B (3) A (4) C

> (1) 一共六十块钱。
> (2) 我要两杯咖啡。
> (3) 我们要吃蛋糕。
> (4) 可乐十块。

해석 및 정답

말하기 연습

3. (1) 我要两杯果汁。/ 一共多少钱?
   (2) 我要三个汉堡。/ 一共多少钱?
   (3) 我吃蛋糕。/ 你喝可乐还是咖啡?
   (4) 我要买蛋糕。/ 我要去面包店买蛋糕。

11 你会做中国菜吗? 너 중국 음식을 만들 줄 아니?

실전 대화

김동원: 너 중국 음식을 만들 줄 아니?
왕장: 만들 줄 알아. 주말에 우리 집에 와.
　　　내가 중국 음식 만들어 줄게.
김동원: 좋아. 너희 집에 어떻게 가니?
왕장: 자전거 타고 와. 우리 집은 가까워.

듣기 연습

1. (1) huì　　(2) cài　　(3) zěnme
   (4) chǎofàn　(5) lǐwù　(6) zìxíngchē

2. (1) C　(2) D　(3) B　(4) A

(1) 我骑自行车。
(2) 我坐飞机去中国。
(3) 我会说汉语。
(4) 我会做炒饭。

말하기 연습

3. (1) 她十点来学校。/ 她坐公交车来。
   (2) 他几点来? / 他怎么来?
   (3) 我会做意大利面。/ 你教我吧。
   (4) 我会说汉语。/ 好的。

12 我想去中国旅游。 나는 중국 여행을 가고 싶어.

실전 대화

왕장: 휴가 때 너는 뭐 할 계획이니?
김동원: 나는 중국 여행을 가고 싶어. 너는?
왕장: 나는 아르바이트를 하고 싶어. 너 중국에
　　　가 본 적 있어?
김동원: 가 봤어. 나는 중국에 한 번 가 봤어.

듣기 연습

1. (1) xiǎng　　(2) cì　　(3) jiàqī
   (4) dǎsuàn　(5) lǚyóu　(6) dǎgōng

2. (1) C　(2) B　(3) A　(4) D

(1) 我打算打工。
(2) 我想在家休息。
(3) 我打算去中国旅游。
(4) 我想在图书馆学习。

말하기 연습

3. (1) 你吃过烤鸭吗? / 我想吃烤鸭。
   (2) 你学过汉语吗? / 我想学汉语。
   (3) 我去过两次釜山。/ 我还想去。
   (4) 你去过几次济州岛? / 你还想去吗?

단어 색인

A
啊 a — 7과
奥林匹克公园 Àolínpǐkè gōngyuán — 11과

B
吧 ba — 9과
爸爸 bàba — 6과
半 bàn — 7과
本 běn — 8과
杯 bēi — 10과
北京 Běijīng — 7과
北京烤鸭 Běijīng kǎoyā — 12과
不 bù — 1과

C
菜 cài — 11과
茶 chá — 8과
差 chà — 7과
长城 Chángchéng — 12과
唱歌 chànggē — 8과
炒饭 chǎofàn — 11과
超市 chāoshì — 9과
吃饭 chī fàn — 7과
出租车 chūzūchē — 11과
春节 Chūnjié — 6과
次 cì — 12과

D
大 dà — 10과
打工 dǎgōng — 12과
打算 dǎsuàn — 12과
大家 dàjiā — 1과
蛋糕 dàngāo — 10과
的 de — 6과
弟弟 dìdi — 8과
地铁 dìtiě — 11과
地铁站 dìtiězhàn — 9과
点 diǎn — 7과
电视 diànshì — 5과
电影 diànyǐng — 5과
电影院 diànyǐngyuàn — 4과
东西 dōngxi — 5과
多少 duōshao — 10과

E
饿 è — 5과
而且 érqiě — 5과

F
分 fēn — 7과, 10과
飞机 fēijī — 11과
釜山 Fǔshān — 12과

G
个 ge — 4과
哥哥 gēge — 8과
给 gěi — 11과
公交车 gōngjiāochē — 11과
公司 gōngsī — 9과
工作 gōngzuò — 5과
过 guo — 12과
国 guó — 4과
果汁 guǒzhī — 10과

단어 색인

H

还 hái		12과
还是 háishi		10과
汉堡 hànbǎo		10과
韩国人 Hánguórén		3과
汉语 Hànyǔ		11과
好 hǎo		1과
号 hào		6과
号码 hàomǎ		10과
好吃 hǎochī		8과
喝 hē		7과
和 hé		7과
很 hěn		5과
化妆 huàzhuāng		5과
回 huí		4과
会 huì		11과
回家 huí jiā		5과

J

济州岛 Jìzhōudǎo		12과
几 jǐ		6과
家 jiā		4과, 6과
假期 jiàqī		12과
件 jiàn		7과
见 jiàn		1과
见面 jiànmiàn		7과
角 jiǎo		10과
叫 jiào		2과
教 jiāo		11과
教室 jiàoshì		9과
金 Jīn		2과
近 jìn		11과
今天 jīntiān		6과

K

咖啡 kāfēi		7과
咖啡厅 kāfēitīng		4과
看 kàn		5과
烤鸭 kǎoyā		12과
刻 kè		7과
可爱 kě'ài		8과
可乐 kělè		5과
客气 kèqi		1과
块 kuài		10과
快乐 kuàilè		6과
困 kùn		5과

L

来 lái		4과
老师 lǎoshī		1과
乐天世界 Lètiān shìjiè		11과
累 lèi		5과
礼物 lǐwù		11과
两 liǎng		7과
零 líng		10과
旅游 lǚyóu		12과

M

吗 ma		3과
妈妈 māma		6과
买 mǎi		5과
忙 máng		5과
毛 máo		10과

妹妹 mèimei	8과		**S**	
没有 méiyǒu	8과		商场 shāngchǎng	5과
们 men	1과		上课 shàngkè	9과
面包店 miànbāodiàn	10과		上午 shàngwǔ	7과
明天 míngtiān	6과		上学 shàngxué	11과
名字 míngzi	2과		谁 shéi	3과
摩托车 mótuōchē	11과		什么 shénme	2과
			身体 shēntǐ	7과
N			生日 shēngrì	6과
哪 nǎ	4과		是 shì	3과
哪里 nǎli	4과		食堂 shítáng	4과
哪儿 nǎr	4과		手机 shǒujī	6과
奶茶 nǎichá	7과		书 shū	5과
男朋友 nánpéngyou	7과		睡觉 shuìjiào	7과
呢 ne	2과		说 shuō	11과
你 nǐ	1과		宿舍 sùshè	4과
女朋友 nǔpéngyou	7과			
			T	
P			听 tīng	5과
朋友 péngyou	7과		听歌 tīng gē	8과
			图书馆 túshūguǎn	4과
Q				
骑 qí	11과		**W**	
起床 qǐchuáng	7과		晚上 wǎnshang	1과
钱 qián	10과		玩(儿) wán(r)	5과
请 qǐng	11과		王 Wáng	2과
去 qù	4과		网吧 wǎngbā	9과
R			**X**	
人 rén	4과		喜欢 xǐhuan	5과
仁川机场 Rénchuān jīchǎng	11과		洗手间 xǐshǒujiān	9과
日 rì	6과		下午 xiàwǔ	7과
日本人 Rìběnrén	3과			

단어 색인

现在 xiànzài		7과
想 xiǎng		7과, 12과
小 xiǎo		10과
小鸡 xiǎojī		8과
小狗 xiǎogǒu		8과
小猫 xiǎomāo		8과
些 xiē		4과
谢 xiè		1과
姓 xìng		2과
星期 xīngqī		6과
休息 xiūxi		12과
学 xué		11과
学生 xuésheng		3과
学生食堂 xuéshēng shítáng		9과
学习 xuéxí		7과
学校 xuéxiào		7과

Y

幺 yāo		6과
要 yào		4, 7과
意大利面 yìdàlì miàn		11과
衣服 yīfu		7과
一共 yígòng		10과
一起 yìqǐ		9과
音乐 yīnyuè		5과
英语 Yīngyǔ		11과
有 yǒu		8과
游戏 yóuxì		5과
元 yuán		10과
月 yuè		6과

Z

再 zài		1과
在 zài		9과
早上 zǎoshang		1과
怎么 zěnme		11과
怎么样 zěnmeyàng		7과
张 Zhāng		2과
真 zhēn		8과
中国人 Zhōngguórén		3과
中秋节 Zhōngqiū jié		6과
周 zhōu		6과
周末 zhōumò		5과, 11과
只 zhī		8과
职员 zhíyuán		3과
住 zhù		4과
祝 zhù		6과
自行车 zìxíngchē		11과
走路 zǒulù		11과
做 zuò		5과, 11과
坐 zuò		11과

MEMO

MEMO

MEMO

MEMO

MEMO

MEMO

중국어뱅크

말하기·듣기·쓰기로 기초 마스터
탄탄하고 체계적인 중국어 학습 프로그램

똑똑 중국어
STEP 1

워크북

동양북스

중국어뱅크

말하기·듣기·쓰기로 기초 마스터
탄탄하고 체계적인 중국어 학습 프로그램

똑똑 중국어 STEP 1

워크북

동양북스

01 你好。

1 다음 빈칸에 알맞은 단어를 써 보세요.

(1) hǎo
你 _____ 。

(2) lǎoshī
_____ 好！

(3) xièxie
_____ ！

(4) zàijiàn
_____ ！

2 다음 인칭대사의 복수형을 써 보세요.

(1) 우리들 _____

(2) 너희들 _____

(3) 그것들 _____

(4) 그녀들 _____

3 다음 문장을 중국어로 써 보세요.

(1) 모두들, 안녕! ➡ _____ ！

(2) (아침 인사) 안녕! ➡ _____ ！

(3) 천만에. ➡ _____ 。

(4) 잘 가. ➡ _____ 。

4 이 과의 주요 단어를 획순에 따라 써 보세요.

| 你 nǐ 너, 당신 | 你你你你你你你
 你　你
 你们 nǐmen 너희들 |

| 好 hǎo 좋다, 안녕하다 | 好好好好好好
 好　好
 你好 nǐ hǎo 안녕 |

| 老 lǎo 늙다, 나이들다 | 老老老老老老
 老　老 |

| 师 shī 스승, 선생 | 师师师师师师
 师　师
 老师 lǎoshī 선생님 |

| 们 men ~들 | 们们们们们
 们　们
 我们 wǒmen 우리 |

01 你好。

谢 xiè 감사(하다)
谢 谢 谢 谢 谢 谢 谢 谢 谢 谢
谢 谢
谢谢 xièxie 고마워

不 bù 아니다
不 不 不 不
不 不
不客气 bú kèqi 천만에

客 kè 손님, 여행객
客 客 客 客 客 客 客 客 客
客 客

再 zài 다시
再 再 再 再 再 再
再 再

见 jiàn 만나다
见 见 见 见
见 见
再见 zàijiàn 잘 가

4

5 이 과의 주요 표현을 따라 써 보세요.

❶ 안녕! / 안녕하세요!

你好！ Nǐ hǎo!
你好！ Nǐ hǎo!
你好！ Nǐ hǎo!

❷ 안녕. / 여러분 안녕하세요.

你们好。 Nǐmen hǎo.
你们好。 Nǐmen hǎo.
你们好。 Nǐmen hǎo.

❸ 고마워! / 감사합니다!

谢谢！ Xièxie!
谢谢！ Xièxie!
谢谢！ Xièxie!

❹ 잘 가. / 안녕히 가세요.

再见。 Zàijiàn.
再见。 Zàijiàn.
再见。 Zàijiàn.

02 你叫什么名字?

1 다음 빈칸에 알맞은 단어를 써 보세요.

(1) 你叫 __shénme__ 名字?

(2) 我 __jiào__ 王京。

(3) 他 __xìng__ 什么?

(4) __nǐmen__ 呢?

2 다음 제시된 단어를 보고 알맞은 한어병음과 연결해 보세요.

(1) 什么 •   • A shénme

(2) 呢 •   • B xìng

(3) 姓 •   • C míngzi

(4) 名字 •   • D ne

3 다음 제시된 중국어를 한국어 해석에 맞게 재배열하여 문장을 완성해 보세요.

(1) 너는 이름이 뭐니?
   叫 / 你 / 名字 / 什么   ➡ _____?

(2) 나는 장민이라고 해.
   张民 / 叫 / 我   ➡ _____。

(3) 그녀는 김씨야.
   姓 / 金 / 她   ➡ _____。

(4) 나는 왕씨이고, 왕징이라고 해.
   王 / 我 / 王京 / 叫 / 姓   ➡ _____。

4 이 과의 주요 단어를 획순에 따라 써 보세요.

| 叫 jiào (~라고) 부르다 | 叫叫叫叫叫 |

| 什 shén 무엇 | 什什什什 |

什么 shénme 무엇, 무슨

| 么 me 접미사 | 么么么 |

| 名 míng 이름 | 名名名名名名 |

名字 míngzi 이름

| 字 zì 글자, 문자 | 字字字字字字 |

02 你叫什么名字?

呢 ne 어기조사	呢呢呢呢呢呢呢呢 呢 呢
姓 xìng 성, 성이 ~이다	姓姓姓姓姓姓姓姓 姓 姓
我 wǒ 나	我我我我我我我 我 我 我们 wǒmen 우리들
他 tā 그	他他他他他 他 他 他们 tāmen 그들
她 tā 그녀	她她她她她她 她 她 她们 tāmen 그녀들

5 이 과의 주요 표현을 따라 써 보세요.

① 너는 이름이 뭐니?

你叫什么名字？ Nǐ jiào shénme míngzi?

你叫什么名字？ Nǐ jiào shénme míngzi?

你叫什么名字？ Nǐ jiào shénme míngzi?

② 내 이름은 왕징이야.

我叫王京。 Wǒ jiào Wáng Jīng.

我叫王京。 Wǒ jiào Wáng Jīng.

我叫王京。 Wǒ jiào Wáng Jīng.

③ 그는?

他呢？ Tā ne?

他呢？ Tā ne?

他呢？ Tā ne?

④ 그는 장씨이고, 장민이라고 해.

他姓张，叫张民。 Tā xìng Zhāng, jiào Zhāng Mín.

他姓张，叫张民。 Tā xìng Zhāng, jiào Zhāng Mín.

他姓张，叫张民。 Tā xìng Zhāng, jiào Zhāng Mín.

03 他是中国人。

1 다음 빈칸에 알맞은 단어를 써 보세요.

(1)   shéi   (2)   Hánguórén

 他是 _____?   他是 _____ 吗?

(3)   Zhōngguórén   (4)   bú shì

 他是 _____。   他 _____ 职员。

2 다음 제시된 단어를 보고 알맞은 한어병음과 연결해 보세요.

(1) 是 ·   · **A** xuésheng

(2) 学生 ·   · **B** zhíyuán

(3) 不 ·   · **C** bù

(4) 职员 ·   · **D** shì

3 다음 제시된 중국어를 한국어 해석에 맞게 재배열하여 문장을 완성해 보세요.

(1) 그녀는 일본인이야.

 日本人 / 她 / 是 ➡ _____。

(2) 너는 중국인이니?

 中国人 / 吗 / 你 / 是 ➡ _____?

(3) 그는 누구니?

 是 / 谁 / 他 ➡ _____?

(4) 나는 학생이 아니야.

 学生 / 不 / 我 / 是 ➡ _____。

4 이 과의 주요 단어를 획순에 따라 써 보세요.

| 是 shì ~이다 | 是 是 是 是 是 是 是 是 是
 是 是
 不是 bú shì 아니다 |

| 谁 shéi 누구 | 谁 谁 谁 谁 谁 谁 谁 谁 谁 谁
 谁 谁 |

| 韩 hán 나라 이름 | 韩 韩 韩 韩 韩 韩 韩 韩 韩 韩 韩
 韩 韩
 韩国人 Hánguórén 한국인 |

| 国 guó 나라 | 国 国 国 国 国 国 国 国
 国 国 |

| 人 rén 사람, 인간 | 人 人
 人 人 |

03 他是中国人。

中 zhōng 가운데
中中中中
中国人 Zhōngguórén 중국인

吗 ma 의문을 표시함
吗吗吗吗吗吗

学 xué 배우다
学学学学学学学学
学生 xuésheng 학생

生 shēng 배우는 사람
生生生生生

本 běn (사물의)근본
本本本本本
日本人 Rìběnrén 일본인

5 이 과의 주요 표현을 따라 써 보세요.

❶ 그는 누구니?

他是谁? Tā shì shéi?

他是谁? Tā shì shéi?

他是谁? Tā shì shéi?

❷ 그는 장민이야.

他是张民。 Tā shì Zhāng Mín.

他是张民。 Tā shì Zhāng Mín.

他是张民。 Tā shì Zhāng Mín.

❸ 그는 한국인이니?

他是韩国人吗? Tā shì Hánguórén ma?

他是韩国人吗? Tā shì Hánguórén ma?

他是韩国人吗? Tā shì Hánguórén ma?

❹ 그는 중국인이야.

他是中国人。 Tā shì Zhōngguórén.

他是中国人。 Tā shì Zhōngguórén.

他是中国人。 Tā shì Zhōngguórén.

04 你去哪儿？

1 다음 빈칸에 알맞은 단어를 써 보세요.

(1)   nǎr
你去 _____ ?

(2)   kāfēitīng
我去 _____ 。

(3)   bú qù
我 _____ 。

(4)   huí
我 _____ 宿舍。

2 다음 제시된 단어를 보고 알맞은 한어병음과 연결해 보세요.

(1) 宿舍   •   • A túshūguǎn

(2) 图书馆   •   • B shítáng

(3) 食堂   •   • C sùshè

(4) 电影院   •   • D diànyǐngyuàn

3 다음 제시된 중국어를 한국어 해석에 맞게 재배열하여 문장을 완성해 보세요.

(1) 그는 어느 나라 사람이니?
   是 / 他 / 哪 / 国人   ➡ _____?

(2) 너희는 어느 식당으로 가니?
   去 / 家 / 你们 / 哪 / 食堂   ➡ _____?

(3) 너 어디 사니?
   住 / 哪儿 / 你   ➡ _____?

(4) 그는 학생이니?
   不是 / 他 / 学生 / 是   ➡ _____?

4 이 과의 주요 단어를 획순에 따라 써 보세요.

去 qù 가다

去去去去去

去　去

哪 nǎ 어느, 어떤

哪哪哪哪哪哪哪哪哪

哪　哪

哪儿 nǎr 어디, 어느 곳

家 jiā 집, 가정, 가게 등을 세는 단위

家家家家家家家家家家

家　家

住 zhù 살다

住住住住住住住

住　住

要 yào 원하다, ~하려고 하다

要要要要要要要要要

要　要

04 你去哪儿?

个 ge 개, 명

食 shí 음식
食堂 shítáng 식당

影 yǐng 그림자
电影 diànyǐng 영화

院 yuàn 공공 장소
电影院 diànyǐngyuàn 영화관

来 lái 오다

5 이 과의 주요 표현을 따라 써 보세요.

❶ 너 어디 가니?

你去哪儿? Nǐ qù nǎr?

你去哪儿? Nǐ qù nǎr?

你去哪儿? Nǐ qù nǎr?

❷ 나는 카페에 가.

我去咖啡厅。 Wǒ qù kāfēitīng.

我去咖啡厅。 Wǒ qù kāfēitīng.

我去咖啡厅。 Wǒ qù kāfēitīng.

❸ 너는 어느 카페로 가니?

你去哪家咖啡厅? Nǐ qù nǎ jiā kāfēitīng?

你去哪家咖啡厅? Nǐ qù nǎ jiā kāfēitīng?

你去哪家咖啡厅? Nǐ qù nǎ jiā kāfēitīng?

❹ 너 가니 안 가니?

你去不去? Nǐ qù bu qù?

你去不去? Nǐ qù bu qù?

你去不去? Nǐ qù bu qù?

05 你喜欢做什么?

1 다음 빈칸에 알맞은 단어를 써 보세요.

(1) máng bu máng
你 _____?

(2) hěn máng
他 _____。

(3) zuò
你 _____ 什么?

(4) diànyǐng
我看 _____。

2 다음 제시된 단어를 보고 알맞은 한어병음과 연결해 보세요.

(1) 玩儿 •   • A yóuxì

(2) 喜欢 •   • B wánr

(3) 而且 •   • C érqiě

(4) 游戏 •   • D xǐhuan

3 다음 제시된 중국어를 한국어 해석에 맞게 재배열하여 문장을 완성해 보세요.

(1) 너는 뭐하는 걸 좋아하니?
喜欢 / 你 / 什么 / 做 ➡ _____?

(2) 그녀는 음악 듣는 걸 좋아해.
喜欢 / 音乐 / 她 / 听 ➡ _____。

(3) 그는 매우 바빠.
忙 / 他 / 很 ➡ _____。

(4) 그들은 영화를 보러 간다.
看 / 他们 / 电影 / 去 ➡ _____。

4 이 과의 주요 단어를 획순에 따라 써 보세요.

很 很 很 很 很 很 很 很 很

很
hěn
매우

很 很

忙 忙 忙 忙 忙 忙

忙
máng
바쁘다

忙 忙

喜 喜 喜 喜 喜 喜 喜 喜 喜 喜 喜 喜

喜
xǐ
기쁘다, 즐겁다

喜 喜

做 做 做 做 做 做 做 做 做 做 做

做
zuò
하다

做 做

玩 玩 玩 玩 玩 玩 玩 玩

玩
wán
놀다

玩 玩

玩儿 wánr 놀다, (게임 등을)하다

05 你喜欢做什么?

戏 xì 놀이, 장난	戏戏戏戏戏戏 戏 戏 游戏 yóuxì 게임
困 kùn 졸리다	困困困困困困困 困 困
饿 è 배고프다	饿饿饿饿饿饿饿饿饿饿 饿 饿
累 lèi 힘들다	累累累累累累累累累累 累 累
听 tīng 듣다	听听听听听听听 听 听

5 이 과의 주요 표현을 따라 써 보세요.

❶ 우리는 영화 보러 가.

我们去看电影。 Wǒmen qù kàn diànyǐng.

我们去看电影。 Wǒmen qù kàn diànyǐng.

我们去看电影。 Wǒmen qù kàn diànyǐng.

❷ 나 너무 바빠.

我很忙。 Wǒ hěn máng.

我很忙。 Wǒ hěn máng.

我很忙。 Wǒ hěn máng.

❸ 너는 뭐 하는 걸 좋아하니?

你喜欢做什么？ Nǐ xǐhuan zuò shénme?

你喜欢做什么？ Nǐ xǐhuan zuò shénme?

你喜欢做什么？ Nǐ xǐhuan zuò shénme?

❹ 나는 영화 보는 거 안 좋아해.

我不喜欢看电影。 Wǒ bù xǐhuan kàn diànyǐng.

我不喜欢看电影。 Wǒ bù xǐhuan kàn diànyǐng.

我不喜欢看电影。 Wǒ bù xǐhuan kàn diànyǐng.

06 祝你生日快乐。

1 다음 빈칸에 알맞은 단어를 써 보세요.

(1) 你的生日是 ___jǐ yuè jǐ hào___ ?

(2) 六月 ___shíyī___ 号。

(3) ___míngtiān___ 是你的生日。

(4) 祝你 ___shēngrì kuàilè___ 。

2 다음 제시된 단어를 보고 알맞은 한어병음과 연결해 보세요.

(1) 星期 •   • A yuè

(2) 月   •   • B hào

(3) 几   •   • C xīngqī

(4) 号   •   • D jǐ

3 다음 제시된 중국어를 한국어 해석에 맞게 재배열하여 문장을 완성해 보세요.

(1) 이건 내 핸드폰이야.
  手机 / 这 / 我的 / 是   ➡ _____。

(2) 엄마의 생신은 7월 20일이야.
  七月 / 生日 / 二十号 / 妈妈的 / 是   ➡ _____。

(3) 생일 축하해!
  生日 / 祝 / 快乐 / 你   ➡ _____!

(4) 내일은 몇 월 며칠이니?
  几号 / 明天 / 几月   ➡ _____?

4 이 과의 주요 단어를 획순에 따라 써 보세요.

06 祝你生日快乐。

祝 zhù 축하하다

祝祝祝祝祝祝祝祝祝

今 jīn 오늘, 오늘의

今今今今

天 tiān 하루, 날

天天天天

今天 jīntiān 오늘

星 xīng 별, 천체

星星星星星星星星星

期 qī 시기

期期期期期期期期期期

星期 xīngqī 요일

5 이 과의 주요 표현을 따라 써 보세요.

❶ 네 생일은 몇 월 며칠이니?

你的生日是几月几号？ Nǐ de shēngrì shì jǐ yuè jǐ hào?

你的生日是几月几号？ Nǐ de shēngrì shì jǐ yuè jǐ hào?

你的生日是几月几号？ Nǐ de shēngrì shì jǐ yuè jǐ hào?

❷ 5월 10일이야.

五月十号。 Wǔ yuè shí hào.

五月十号。 Wǔ yuè shí hào.

五月十号。 Wǔ yuè shí hào.

❸ 내일은 네 생일이네.

明天是你的生日。 Míngtiān shì nǐ de shēngrì.

明天是你的生日。 Míngtiān shì nǐ de shēngrì.

明天是你的生日。 Míngtiān shì nǐ de shēngrì.

❹ 생일 축하해!

祝你生日快乐！ Zhù nǐ shēngrì kuàilè!

祝你生日快乐！ Zhù nǐ shēngrì kuàilè!

祝你生日快乐！ Zhù nǐ shēngrì kuàilè!

07 我要看电影。

1 다음 빈칸에 알맞은 단어를 써 보세요.

(1)   kàn diànyǐng

我要 _____ 。

(2)   jǐ diǎn

我们 _____ 见?

(3)   zěnmeyàng

十点, _____ ?

(4)   liǎng diǎn

我 _____ 去学校。

2 다음 그림을 보고 알맞은 시간을 써 보세요.

(1)

_____

(2)

_____

(3)

_____

(4)

_____

3 다음 제시된 중국어를 한국어 해석에 맞게 재배열하여 문장을 완성해 보세요.

(1) 나는 밥 먹을 거야.
要 / 吃饭 / 我   ➡ _____。

(2) 우리는 두 시에 영화를 본다.
两点 / 电影 / 我们 / 看   ➡ _____。

(3) 우리 밀크티 마시는 거 어때?
怎么样 / 我们 / 奶茶 / 喝   ➡ _____?

(4) 너는 몇 시에 친구 만나니?
见 / 几 / 朋友 / 点 / 你   ➡ _____?

4 다음 제시된 단어를 이용하여 문장을 만들어 보세요.

(1) 要 / 化妆   ➡ _____。

(2) 学校 / 怎么样   ➡ _____?

(3) 几点 / 图书馆   ➡ _____?

(4) 和 / 看电影   ➡ _____。

07 我要看电影。

5 이 과의 주요 단어를 획순에 따라 써 보세요.

啊 a 어기조사
啊 啊 啊 啊 啊 啊 啊 啊 啊 啊

点 diǎn 시
点 点 点 点 点 点 点 点 点
几点 jǐ diǎn 몇 시

怎 zěn 왜, 어째서
怎 怎 怎 怎 怎 怎 怎 怎
怎么样 zěnmeyàng 어떠하다

件 jiàn 일, 물건
件 件 件 件 件 件

服 fu 의복, 의상
服 服 服 服 服 服 服 服
衣服 yīfu 옷, 의복

08 我家有三只小狗。

1 다음 빈칸에 알맞은 단어를 써 보세요.

(1)   kě'ài

小狗真 _____ !

(2)   yǒu xiǎogǒu

你家 _____ 吗?

(3)   sān zhī

我家有 _____ 小狗。

(4)   bù xǐhuan

我 _____ 狗。

2 다음 제시된 단어를 보고 알맞은 한어병음과 연결해 보세요.

(1) 哥哥 •　　　　　• A　nánpéngyou

(2) 弟弟 •　　　　　• B　xiǎomāo

(3) 男朋友 •　　　　　• C　dìdi

(4) 小猫 •　　　　　• D　gēge

3 다음 제시된 중국어를 한국어 해석에 맞게 재배열하여 문장을 완성해 보세요.

(1) 오빠는 강아지를 좋아한다.
　　小狗 / 哥哥 / 喜欢　　➡　_____。

(2) 우리 집에 병아리 두 마리 있어.
　　有 / 小鸡 / 我家 / 两只　　➡　_____。

(3) 나는 남자친구가 없어.
　　男朋友 / 没 / 我 / 有　　➡　_____。

(4) 너는 노래 부르는 거 좋아하니?
　　喜欢 / 吗 / 你 / 唱歌　　➡　_____？

4 밑줄 친 부분을 보기와 같이 의문문으로 바꾸어 문장을 완성해 보세요.

> 보기　我有小狗。→ 你有小狗吗？

(1) 我家没有小猫。　➡　_____？

(2) 我喜欢汉语。　➡　_____？

(3) 她不喜欢唱歌。　➡　_____？

(4) 我有一本书。　➡　_____？

08 我家有三只小狗。

5 이 과의 주요 단어를 획순에 따라 써 보세요.

小 xiǎo 작다	小 小 小 小　小

狗 gǒu 개, 강아지	狗 狗 狗 狗 狗 狗 狗 狗 狗　狗 小狗 xiǎogǒu 강아지

可 kě ~할 만하다	可 可 可 可 可 可　可

爱 ài 사랑하다	爱 爱 爱 爱 爱 爱 爱 爱 爱 爱 爱　爱 可爱 kě'ài 귀엽다

有 yǒu 있다	有 有 有 有 有 有 有　有

09 你在哪儿?

1 다음 빈칸에 알맞은 단어를 써 보세요.

(1) nǎr

你在 _____ ?

(2) túshūguǎn

我在 _____ 。

(3) chī fàn

我们一起 _____ 吧。

(4) zài

我们 _____ 哪儿吃饭?

2 다음 제시된 단어를 보고 알맞은 한어병음과 연결해 보세요.

(1) 教室 •   • A xǐshǒujiān

(2) 洗手间 •   • B dìtiězhàn

(3) 上课 •   • C shàngkè

(4) 地铁站 •   • D jiàoshì

3 다음 제시된 중국어를 한국어 해석에 맞게 재배열하여 문장을 완성해 보세요.

(1) 나는 PC방에 있어.
   在 / 我 / 网吧   ➡ _____。

(2) 그는 카페에서 공부한다.
   学习 / 他 / 咖啡厅 / 在   ➡ _____。

(3) 우리 같이 마트에 가자!
   我们 / 吧 / 超市 / 一起 / 去   ➡ _____!

(4) 그는 어디서 밥을 먹니?
   哪儿 / 他 / 在 / 吃饭   ➡ _____?

4 밑줄 친 부분을 보기와 같이 의문문으로 바꾸어 문장을 완성해 보세요.

　보기　我在<u>公司</u>工作。→ 你在哪儿工作?

(1) 他们在<u>地铁站</u>。   ➡ _____?

(2) 她在<u>食堂</u>吃饭。   ➡ _____?

(3) 我在<u>家</u>看电影。   ➡ _____?

(4) 他在<u>教室</u>上课。   ➡ _____?

09 你在哪儿?

5 이 과의 주요 단어를 획순에 따라 써 보세요.

在 zài ~에 있다
在在在在在在
在 在

起 qǐ 일어서다
起起起起起起起起起起
起 起
一起 yìqǐ 함께

吧 ba 제안을 나타냄
吧吧吧吧吧吧吧
吧 吧

洗 xǐ 씻다
洗洗洗洗洗洗洗洗洗
洗 洗

间 jiān 틈, 사이
间间间间间间间
间 间
洗手间 xǐshǒujiān 화장실

10 咖啡多少钱？

1 다음 빈칸에 알맞은 단어를 써 보세요.

(1) duōshao qián

咖啡 _____?

(2) sānshí kuài

小杯的咖啡 _____。

(3) liǎng bēi

我要 _____ 咖啡。

(4) yígòng

_____ 多少钱？

2 다음 제시된 단어를 보고 알맞은 한어병음과 연결해 보세요.

(1) 两 ・　　　　　・ A bēi

(2) 钱 ・　　　　　・ B kuài

(3) 杯 ・　　　　　・ C qián

(4) 块 ・　　　　　・ D liǎng

3 다음 제시된 중국어를 한국어 해석에 맞게 재배열하여 문장을 완성해 보세요.

(1) 주스 두 잔 주세요.
  两杯 / 我 / 果汁 / 要 ➡ _____。

(2) 케이크는 20위안입니다.
  块 / 蛋糕 / 二十 ➡ _____。

(3) 너는 뭐 살 거니?
  买 / 你 / 要 / 什么 ➡ _____?

(4) 콜라 마실래 아니면 커피 마실래?
  你 / 还是 / 喝 / 可乐 / 咖啡 ➡ _____?

4 다음 그림을 보고 제시된 양사를 이용하여 상품의 가격을 적어 보세요.

보기 一杯奶茶三十块。

(1)
个 / 35元

_____

(2)
瓶 / 4.5元

_____

*瓶 píng 양 병

(3)
杯 / 25元

_____

(4)
瓶 / 2.5元

_____

10 咖啡多少钱?

5 이 과의 주요 단어를 획순에 따라 써 보세요.

| 多 duō 많다 | 多多多多多多
多 多 |

多少 duōshao 얼마

| 钱 qián 돈, 화폐 | 钱钱钱钱钱钱钱钱钱钱
钱 钱 |

| 杯 bēi 잔, 컵 | 杯杯杯杯杯杯杯杯
杯 杯 |

| 块 kuài 화폐 단위 | 块块块块块块块
块 块 |

| 共 gòng 모두, 도합 | 共共共共共共
共 共 |

一共 yígòng 모두, 합계

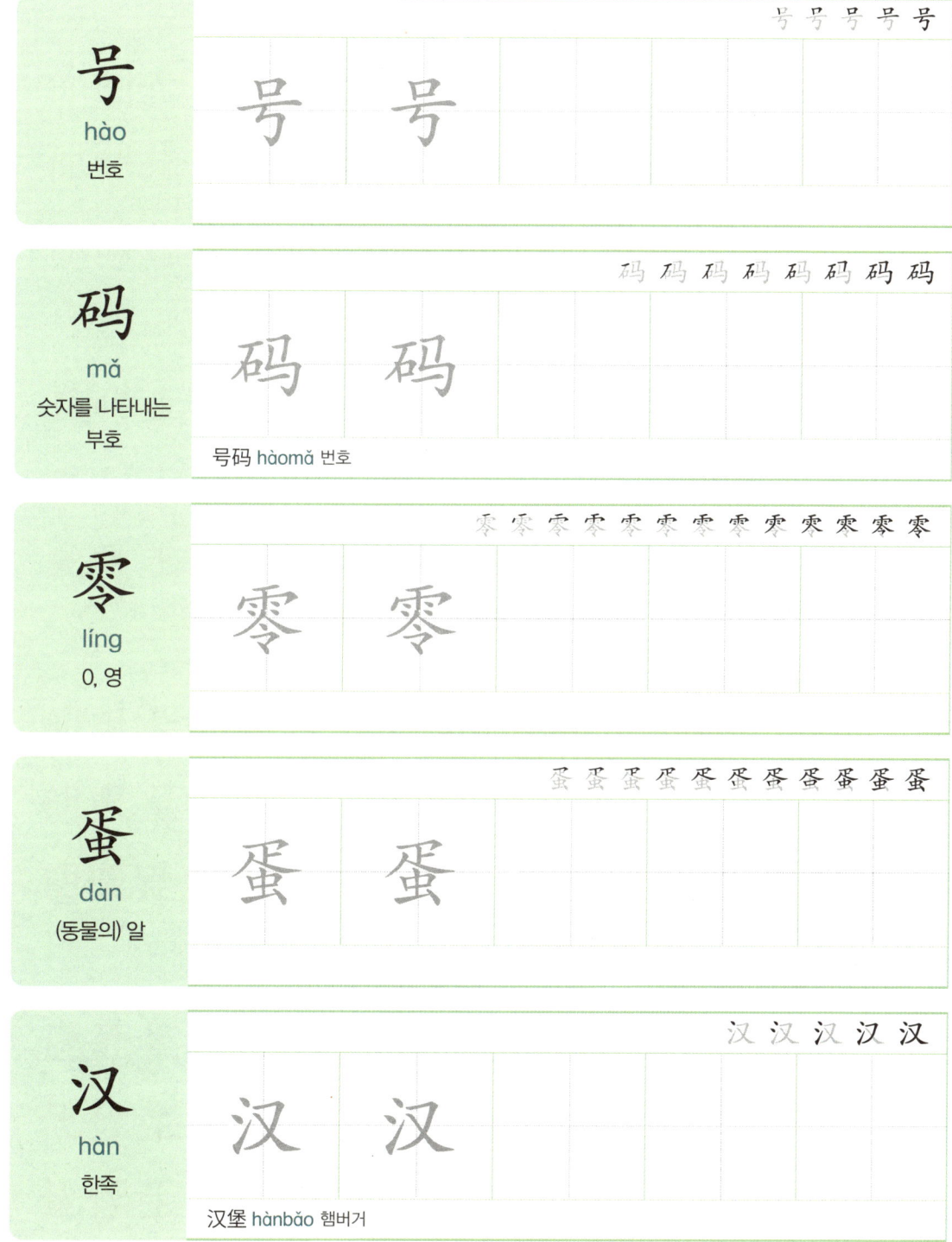

11 你会做中国菜吗?

1 다음 빈칸에 알맞은 단어를 써 보세요.

(1) Zhōngguó cài

你会做 _____ 吗?

(2) huì

我 _____ 做。

(3) zěnme

你 _____ 去上学?

(4) gěi

我 _____ 你做中国菜吧。

2 다음 제시된 단어를 보고 알맞은 한어병음과 연결해 보세요.

(1) 炒饭 •   • A dìtiě

(2) 汉语 •   • B gōngjiāochē

(3) 地铁 •   • C chǎofàn

(4) 公交车 •   • D Hànyǔ

3 다음 제시된 중국어를 한국어 해석에 맞게 재배열하여 문장을 완성해 보세요.

(1) 그는 파스타를 만들 줄 알아.
做 / 他 / 会 / 意大利面 ➡ _____。

(2) 너는 쇼핑몰에 어떻게 가니?
商场 / 去 / 你 / 怎么 ➡ _____?

(3) 엄마가 나에게 옷을 사 줬어.
给 / 妈妈 / 我 / 买 / 衣服 ➡ _____。

(4) 나는 지하철을 타고 학교에 간다.
我 / 学校 / 坐 / 地铁 / 去 ➡ _____。

4 밑줄 친 부분을 보기와 같이 의문문으로 바꾸어 문장을 완성해 보세요.

보기 我<u>会</u>做炒饭。→ 你会做炒饭吗?

(1) 我<u>会</u>做中国菜。 ➡ _____?

(2) 他<u>不会</u>说汉语。 ➡ _____?

(3) 他<u>坐地铁</u>来学校。 ➡ _____?

(4) 我<u>坐飞机</u>去中国。 ➡ _____?

11 你会做中国菜吗?

5 이 과의 주요 단어를 획순에 따라 써 보세요.

| 会 huì 할 수 있다 | 会会会会会会
会　会 |

| 菜 cài 요리 | 菜菜菜菜菜菜菜菜菜菜菜
菜　菜
中国菜 Zhōngguó cài 중국 요리 |

| 给 gěi 주다, ~에게 | 给给给给给给给给给
给　给 |

| 骑 qí 타다 | 骑骑骑骑骑骑骑骑骑骑骑
骑　骑
骑自行车 qí zìxíngchē 자전거를 타다 |

| 车 chē 차 | 车车车车
车　车
自行车 zìxíngchē 자전거 |

12 我想去中国旅游。

1 다음 빈칸에 알맞은 단어를 써 보세요.

(1)   dǎsuàn

你 _____ 做什么?

(2)   xiǎng qù

我 _____ 中国旅游。

(3)   dǎgōng

我要 _____ 。

(4)   xiūxi

她想 _____ 。

2 다음 제시된 단어를 보고 알맞은 한어병음과 연결해 보세요.

(1) 次 •   • A   cì

(2) 过 •   • B   guo

(3) 想 •   • C   xiǎng

(4) 还 •   • D   hái

3 다음 제시된 중국어를 한국어 해석에 맞게 재배열하여 문장을 완성해 보세요.

(1) 나는 쉬고 싶어.

休息 / 我 / 想 ➡ _____。

(2) 나는 중국에 두 번 가 봤어.

过 / 去 / 我 / 中国 / 两次 ➡ _____。

(3) 나는 영어를 배울 계획이야.

英语 / 打算 / 我 / 学 ➡ _____。

(4) 너 중국에 몇 번 가 봤니?

几次 / 去 / 你 / 过 / 中国 ➡ _____?

4 제시된 단어의 알맞은 위치를 골라보세요.

(1) 过   Ⓐ 金东沅 Ⓑ 去 Ⓒ 两次长城。

(2) 还   Ⓐ 我 Ⓑ 想去 Ⓒ 济州岛。

(3) 没   她 Ⓐ 吃 Ⓑ 过 Ⓒ 北京烤鸭。

(4) 想   Ⓐ 他 Ⓑ 学 Ⓒ 汉语。

12 我想去中国旅游。

5 이 과의 주요 단어를 획순에 따라 써 보세요.

假 jià 휴일, 휴가	假假假假假假假假假假
	假期 jiàqī 휴일

| 打 dǎ 하다, 치다 | 打打打打打 |

算 suàn 계획하다	算算算算算算算算算算算算算
	打算 dǎsuàn 계획하다

| 想 xiǎng ~하고 싶다 | 想想想想想想想想想想想 |

| 旅 lǚ 여행하다 | 旅旅旅旅旅旅旅旅旅 |

MEMO

MEMO

MEMO

MEMO

MEMO

MEMO

MEMO

똑똑
중국어
STEP 1

이름

🗺 동아시아

한국이 속한 **지역의** 신기한
이야기와 **진한** 풍경 그 곳에
동아시아가 있다는 것을 아십니까.

45억 년 전 '대륙'으로부터 떨어진 '지역'이 '최초'의 대륙들과
동아시아라는 '독특한' 지역에 부여하고 있습니다.
대륙과도의 대륙은 생겨나고 도전, 성장과 '민용'으로 '최초'로 다양합니다.

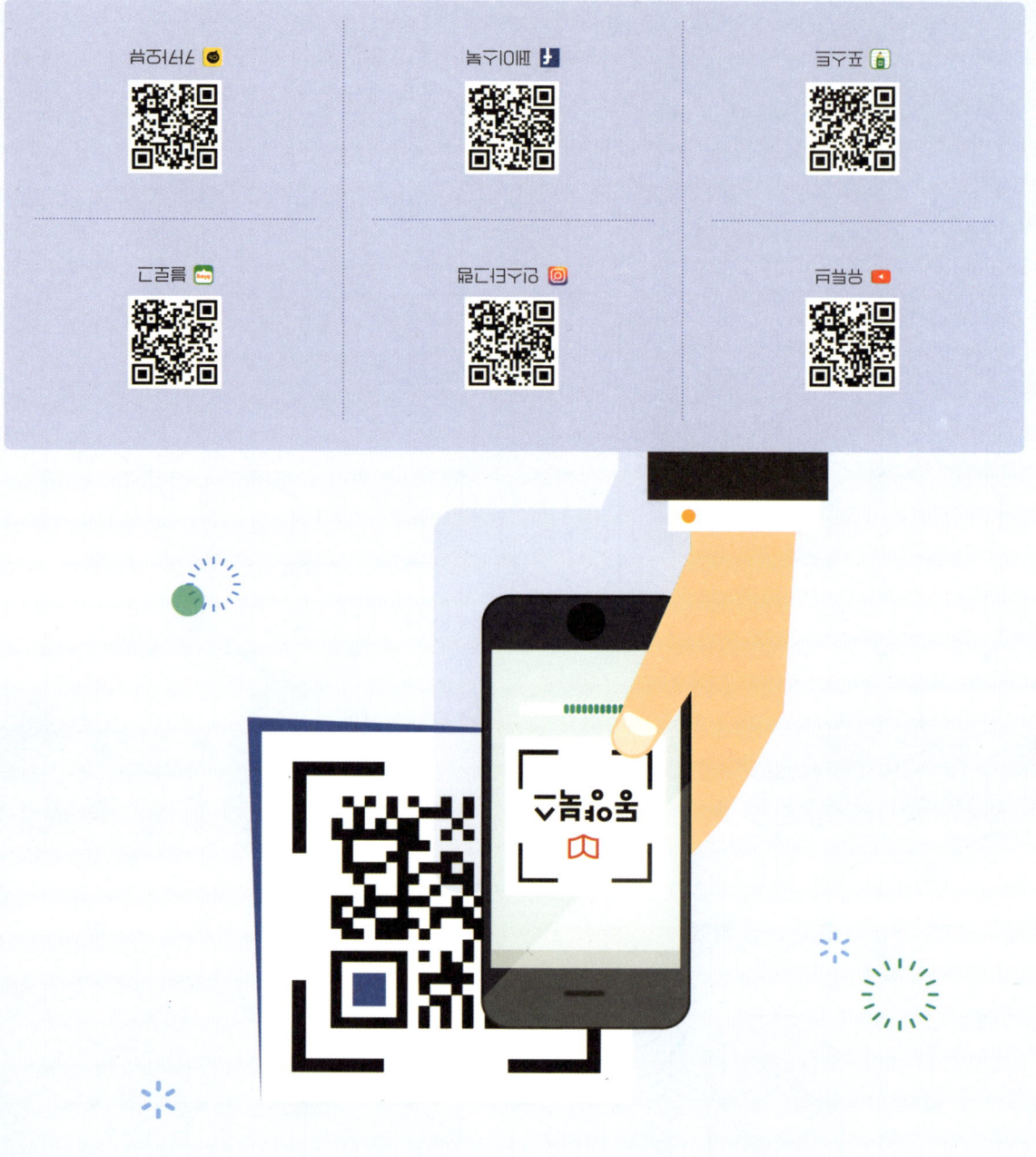